东宝

红色印记

探寻革命历史　传承红色基因

中国人民政治协商会议荆门市东宝区委员会 编

中国文史出版社

图书在版编目（CIP）数据

东宝红色印记 / 中国人民政治协商会议荆门市东宝区
委员会编 . -- 北京：中国文史出版社，2025.1.
ISBN 978-7-5205-5037-6

Ⅰ . K296.33

中国国家版本馆 CIP 数据核字第 2024AV6710 号

责任编辑：张春霞

出版发行：中国文史出版社

社　　址：北京市海淀区西八里庄路 69 号院　邮编：100142

电　　话：010-81136606　81136602　81136603（发行部）

传　　真：010-81136655

印　　装：廊坊市海涛印刷有限公司

经　　销：全国新华书店

开　　本：889mm×1194mm　1/16

印　　张：18.25

字　　数：208 千字

版　　次：2025 年 3 月第 1 版

印　　次：2025 年 3 月第 1 次印刷

定　　价：68.00 元

序

/

江稳

　　《东宝红色印记》付梓在即，区政协同志让我写上几句，盛情难却，感动之余，欣然应允。

　　东宝是一片有着光荣革命传统的红色土地，从中共石桥驿小组的创建，到中共荆门县支部委员会的成立，再到北山抗日民主根据地的建立，直到荆门全境解放，段德昌、胡孟平、张葆仁等无数革命烈士用鲜血染红了这片土地，用宝贵生命书写了壮丽的革命史诗！在这里发生的每一个红色故事，留下的每一个革命旧址，都见证着革命战争年代让人难忘的峥嵘岁月，传递着不畏艰险、不怕牺牲、百折不挠、艰苦奋斗的伟大民族精神！

　　追寻红色印记，赓续红色基因。为讲好党的故事、革命的故事、英雄和烈士的故事，加强革命传统教育、爱国主义教育、青少年思想道德教育，把红色基因传承好，确保红色江山永不变色，东宝区政协党组多次实地调研，深入挖掘东宝红色资源，全面系统进行搜集整理，经过反复考证，从 2023 年 10 月开始，在全体编撰人员的共同努力下，历时一年，编撰完成这本书——《东宝红色印记》。此书以时间为线索,讲述新民主主义革命时期,在东宝发生的真实革命故事,逻辑清晰、内容翔实、图文并茂,具有深厚的历史内涵和重要的时代价值,这是全区精神文明建设和文化建设的又一丰硕成果,可喜可贺!

不忘初心,方得始终。习近平总书记强调,唯有不忘初心,方可告慰历史、告慰先辈,方可赢得民心、赢得时代,方可善作善成、一往无前。我们应铭记历史,怀着崇高的敬意,牢记革命前辈信仰坚定、对党忠诚的政治品质,不怕牺牲、英勇斗争的大无畏精神,吃苦耐劳、甘于奉献的高尚品德,大力弘扬和传承爱国主义精神,让红色基因渗进血液、浸入心扉,发扬"厚道"荆门精神和"尚德坚毅、实干精进"新东宝精神,在中国式现代化湖北实践荆门篇章中谱写东宝答卷担当作为,为加快建设实力活力魅力新东宝作出更大贡献!

打开这本书,每一页都承载着历史的厚重,每一段都闪耀着革命的光芒,这里是红色记忆的殿堂、一场与革命英雄穿越时空的邂逅!

是为序。

（作者系中共东宝区委书记）

前言

　　东宝区因隋代所建的东山宝塔而得名，地处鄂中，北枕荆山余脉，南接江汉平原，为荆门市主城区。1985 年 5 月，经湖北省人民政府批准设立，系荆门市辖县级行政区。东与钟祥市毗邻，西与当阳市、远安县、南漳县交界，北与宜城市接壤，南与掇刀区、沙洋县相交。至 2024 年，全区辖 1 乡 5 镇 2 个街道办事处及 1 个东宝工业园，土地总面积 1645 平方千米（所辖中心城区面积 42 平方千米），总人口 35.8 万。

　　1840 年鸦片战争以后，随着帝国主义的入侵和现代工业的发展，中国产生了无产阶级，并不断发展壮大。无产阶级的产生和发展，为中国共产党的建立奠定了阶级基础。1917 年俄国十月革命的胜利，给中国送来了马克思列宁主义，使中国的先进分子找到了救国救民的真理。马克思主义在中国的广泛传播，特别是 1919 年爆发的"五四运动"，促进了马克思主义同中国工人运动相结合，为中国共产党的建立奠定了思想基础。

　　1921 年 7 月 23 日，中国共产党第一次全国代表大会在上海召开，宣告了中国共产党的成立。中国共产党的诞生，标志着马克思主义这一科学理论开始与中国革命实际相结合，标志着共产主义运动在中国蓬勃兴起。中国共产党成立后，全国各地的党组织纷纷建立。

1922 年，在外地读书的一些荆门籍进步青年学生先后加入中国共产党，并相继被派回荆门传播马列主义，创建党的组织，在荆门这块土地上播下了革命的火种。同年冬，在武昌高等师范学校读书并加入中国共产党的石桥驿青年胡孟平，受董必武的指示和中共武汉区执委的派遣，带着《共产党宣言》等革命书籍回到荆门，在家乡石桥驿及荆门城关龙泉中学分别向幼时好友和进步学生秘密宣传革命思想。

1923 年初，胡孟平通过前期的宣传和发动，在荆门城北石桥驿发展孙凤洲、杨序东等人为中共党员。9 月，胡孟平领导创建了中共石桥驿小组，孙凤洲任组长，隶属中共武汉区执委。中共石桥驿小组是荆门地区最早成立的党组织。

中共石桥驿小组成立后，秘密开展党组织的发展工作。1925 年秋，为加强荆门党组织的力量，中共武汉区执委派武昌高等师范学校哲史系学生、共产党员张汝洛到省立第十四中学（龙泉中学）以任教为掩护，秘密组织学生运动，培养进步青年入党。9 月，建立中共龙泉中学小组。12 月，在武汉实验中学读书的荆门籍学生、共产党员贺鼎元受党组织派遣回到家乡，在烟墩集高家畈发展党员，于次年（1926 年）春成立中共高家畈小组。1926 年 4 月，张汝洛先后发展尉士筠、刘继汉等进步青年入党，在荆门城区象山脚下召开会议，成立中共荆门县支部，尉士筠任书记。中共荆门县支部先后直属中共武汉地委、湖北地委、湖北区执委。

随着荆门各地党小组和党支部的逐步建立，成立县级党组织就成为形势发展的必然。1926 年秋，北伐军攻克荆门，国共合作的机制逐步形成，荆门党组织由秘密转向公开。12月底，中国共产党荆门县代表会议在城关高小门楼内（现龙泉中学校内）召开。会议确定的中心任务是不断建立和扩大党的组织，积极领导工农运动。根据中共四大有关精神，宣布成立中共荆门县部委员会，中共湖北区执委派胡孟平任书记。1927年6月，根据中共五大有关精神，中共荆门县部委员会更名为中共荆门县委员会。

这一时期，随着党组织的建立和发展，党领导的工农群众运动风起云涌。1925年，上海发生震惊中外的"五卅惨案"。为声讨英、日帝国主义屠杀中国工人、学生的滔天罪行，在共产党员、省立第十四中学教师张汝洛的组织下，县学联负责人杜永瘦等人在城关地区发动和组织工人、学生、群众等千余人上街游行，号召荆门各界"团结一致、打倒列强、打倒军阀、救我中华"。

1926年8月，仙居、牌楼岗、石桥驿、烟墩集等地在党的领导下，先后建立农民协会筹备会和农民协会。11月，荆门县农民协会筹备会成立后，各地农协组织纷纷成立。东宝境内主要有城西烟墩集、高家畈农民协会，城北仙居、石桥驿、新集、百家大庙、叶家闸等农民协会，城东荆钟交界地区石渠区、牌楼岗、黄家集、尹家湾等农民协会。

1927年，贺鼎元、靳吉祥等从武昌中央农民运动讲习所回到荆门，正式成立荆门县农民协会，贺鼎元任主席。荆门县农民协会的成立，推动了各地农民斗争。仙居农民在农协负责人廖子品的带领下，将大土豪罗祥林押送到县农协清算其剥削罪行。石桥驿农民协会抓住恶霸地主刘茂斋，在农协成立大会上进行批斗，勒令其低头认罪。此外，农民协会还领导农民开展移风易俗、反对封建迷信的活动。随着农民运动的不断高涨，到 1927 年 5 月，境内农协会员发展到近万人。

土地革命时期，荆门地方党组织在不断发展的同时，认真贯彻党的八七会议精神，领导城北人民举行了多次武装暴动。

1927 年党的八七会议后，中共湖北省委指派尉士筼从武汉回到荆门担任县委书记，传达贯彻党的八七会议精神和湖北省委有关"秋收暴动计划"的决定，发展党的组织，准备农村暴动。11 月，中共鄂西北特委为加强荆门的领导力量，派邹梦华接任县委书记。1928 年 1 月，荆门县委先后在城南、城西、城北、城东地区建立 3 个区委和 1 个特别支部。2 月，中共荆门县委在沈家集召开党代会，制定年关暴动的具体方案，选举新的中共荆门县委员会，刘继汉任县委书记。此后，县委领导农民先后举行了多次武装暴动。

1928 年 2 月中旬，根据湖北省"秋收暴动计划"，荆门县委先后领导城南、城西、城北地区的农民举行多次武装暴动。4 月下旬，在荆门城西举行了大规模的高家畈农民起义。这次起义由中共城西区委书记贺鼎元担任总指挥。起义前夜，荆（门）当（阳）边界的土豪劣绅闻讯，慌忙勾结土匪武装，准备镇压农民暴动。起义总指挥部立即决定提前行动，连夜将 8 名反动劣绅捕获处决。接着，1 万多农民在荆（门）当（阳）边界方圆二三十千米的范围举行大暴动，把国民党团匪打得大败，消灭了 7 名大恶霸。与此同时，北山地区的农民在农协负责人张琢成、严子汉等人的领导下，举行了两次公开的对敌斗争。农民义军施巧计歼灭了一批土匪，处决毛宗汉等 6 名匪首和恶霸。

在反动派的残酷镇压下，城西、城北地区农民武装暴动最终失败，但其对荆门革命运动的发展产生了重大影响。农民暴动有组织有领导地在较大范围内开展了打击土豪劣绅的斗争，严惩了一批反动分子，充分展示了荆门人民不屈不挠的斗争精神，彰显出人民群众中蕴藏着强大的革命力量，为武装斗争的深入开展创造了条件。

1931年8月，红三军第八师、第九师主力攻克荆门城，部队分驻于牌楼岗、黄家集、子陵铺、八角庙、南桥等地，帮助组建和扩建农民协会，打击反动分子，并留下部分武装力量，与荆钟特区委小型游击队合并组建荆钟游击大队。同时，红九师北上，将政治部设于仙居南街。在红军的帮助和支持下，成立仙居苏维埃政府，组建荆（门）南（漳）游击支队。9月，仙居尖山寨、天星寨一带农民在仙居苏维埃政府主席王超然等人的领导下，相继在南北20多千米的范围举行暴动。暴动农民在尖山寨、天星寨与敌人进行了顽强的战斗，最终因敌众我寡、弹绝无援，牺牲208人，暴动失败。仙居尖山寨、天星寨农民起义，沉重打击了反动势力的统治，保存了一部分武装骨干，为后来开展革命斗争、创建红色区域打下了基础。

1931年秋，随着武装斗争的广泛开展，荆钟苏区逐步形成并不断扩大，党组织日益发展。中共荆钟特区委管辖的范围，东接冷水铺，西靠荆门城，南起牌楼岗，北至仙居乡。下属中共荆门城北区委和叶家闸、胡家集、严家湾、高家畈、牌楼岗等10个党支部及仙居特别党小组，共有党员60多人。至1932年底，中共荆钟特区委虽与上级党组织失去联系，但张琢成等仍然在北山坚持革命活动。

1932年夏，蒋介石调集重兵对湘鄂西苏区进行第四次"围剿"，湘鄂西苏区红军第四次反"围剿"失利。1934年4月至1935年5月，中共荆钟特区委和中共荆门县委先后解体。县委解体后，时任县委书记李纯斋被迫隐蔽江南，后于 1935 年回到荆南坚持地下斗争，迎接新的革命高潮的到来。

抗日战争时期，荆门地方党组织得到恢复和发展，领导人民开展了抗日游击战争和创建北山抗日根据地的斗争。

全面抗战爆发后，中共湖北省委先后派中共党员郑速燕、曾志等到荆门开展工作，着手恢复和重建党组织。1938 年 4 月，在县城三里街（今民主街）以建立"荆门农村合作事业办事处"的名义为掩护，开办"军民合作饭店"，加强与国民党第三十三集团军的合作，并在国民党第三十三集团军参谋长张克侠（中共地下党员）的协助下掀起抗日救亡运动，广大群众的抗日热情空前高涨，各地抗日救亡运动逐步走向深入。"青年救国会""妇女救国会""抗日民族先锋队""抗日十人团"等进步群众组织相继成立，成为敌后抗日武装斗争的生力军。

1938 年 5 月，经中共鄂中中心县委批准，成立中共荆门县支部委员会，郑速燕任书记；10 月，经中共湖北省委批准，成立中共荆（门）当（阳）远（安）中心区委员会（后改为荆当远中心县委），曾志任书记。1940 年 5 月，日军发动枣宜会战，根据中共鄂西北区党委的决定，荆（门）当（阳）远（安）和南（漳）宜（城）保（康）两个中心县委合并为中共荆（门）当（阳）地方委员会（简称荆当地委），以便统一领导该地区的抗日游击战争。

1938 年 10 月，武汉沦陷后，日军向西推进。1940 年 6 月 6 日，在日军突破襄河入侵荆门县城的当晚，北山党组织根据荆当地委叶家闸会议决定，由叶云率领党员和"抗日十人团"团员，将在南桥乡叶家闸等处控制的 13 条枪背上荆钟边界的北山，组成"北山抗日游击队"，叶云任队长。在上山的第三天，游击队就伏击了一小股进山抢劫的日军，游击队很快发展到30多人枪，成为一支活跃在北山地区的抗日武装力量。

1940年6月，荆门沦陷后，国民党军队溃退，中国共产党领导人民在荆门城北创建北山抗日民主根据地，按照"三三制"的原则，在根据地内建立了县、区、乡抗日民主政权。同年夏，北山抗日游击队在叶云的领导下，不断发展壮大，先后在北山40平方千米的范围内打击了日军24个据点。1942年春，国民党对豫鄂边区发动反共攻势。4月，国民党一个团的兵力与荆、钟的日军、伪军、土顽勾结开进北山，袭击北山游击队，北山游击队在襄西部队的支持下，采取"抽釜战"的游击战术，将其击退。

1945年，为迎接全国抗日大反攻，荆门党组织领导广大军民发动了攻势作战，使根据地范围不断扩大，北山根据地与钟祥连成一片，成立中共荆（门）钟（祥）县委。随着抗日大反攻形势的进一步向好，北山根据地迅速扩大，党的组织和武装力量日益发展壮大。战斗在襄西前哨阵地的北山军民，坚持在党的领导下，浴血奋战，先后百余次打击敌人，粉碎了敌人一次又一次的"扫荡"和"清剿"。直至抗战胜利，北山一直都是荆（门）当（阳）远（安）地区重要的抗日根据地。

解放战争时期，荆门地方党组织经历了收缩转移和坚持斗争、恢复发展和最后取得胜利的光辉历程。

1945年11月，面对敌强我弱的形势，根据地和游击区面积日渐缩小，中共襄西中心县委根据江汉区党委关于集中主力据守襄东，以控制、防御襄西之敌的战略部署，决定荆门北山的大部分武装人员以及中共荆当、荆钟县委组织，随同襄西党政军组织向襄东转移，留下北山区委在原地坚持待命。在党的领导下，北山人民先后两次粉碎敌人发动的"万人大清剿"，打击了敌人的嚣张气焰。

1946年6月，中原突围后，中央决定，鄂西北军区主力部队"转移到外线作战"，继续牵制敌人，配合其他解放区战场的斗争。北山工委按照中共鄂西北党委的指示，负责收容、隐蔽、护送和转移部队官兵的艰巨任务。此时，北山又成为新的战略要地，既是中原突围至鄂西北的中转站，又是主力部队开辟鄂西根据地的战略支点。1947年2月，北山抗日根据地党组织奉命将鄂西北军区司令员王树声、区党委副书记刘子久、文敏生和第四地委书记刘子厚等安全地从远安老观窝接到北山，在北山进行隐蔽，后将他们从北山安全护送至武汉，转移到华北解放区。在中原突围中，北山军民共护送、隐蔽、收留、接送途经北山转移到鄂西北的部队官兵3300多人，其中护送团级以上干部50多人，隐蔽营级以下党员干部200多人，收留突围出来的士兵400多人。这段时间，北山抗日根据地真正成为"卧虎藏龙"之地。

中原突围后，北山地区工委认真贯彻执行中共鄂西北区党委关于"长期坚持，高度隐蔽，坚持武装斗争与合法斗争相结合，保存力量，迎接反攻"的指示精神，于1947年2月，在解家坡（今子陵铺镇幸福村）召开会议，决定丁锐、段玉美等领导北山军民继续坚持武装斗争。1948年1月，江汉军区第四军分区副司令员黄德魁率警卫团三营挺进襄西，进驻段家集，在歼灭国民党地方武装后与北山部队会师。随后，部队到达盐池庙，对敌据点进行合围，全歼盐池、仙居、刘猴集3个伪乡公所武装。从此，北山成为开辟襄西解放区的前沿阵地。在战略坚持的两年时间里，北山虽面临孤悬的困境，但北山党组织结合实际，因地制宜，充分运用和发挥统一战线、武装斗争、党的建设三大法宝的威力，成功固守北山根据地。

1949年1月，淮海战役胜利结束，中国人民解放军歼灭了蒋介石在长江以北的国民党军主力，解放了长江以北的华东、中原广大地区。敌军惊慌失措，遂由重点进攻转为点线守备，敌华中"剿总"司令白崇禧急令宋希濂兵团第七十九军、十五军至荆门及当阳地区，企图控制鄂西山区，以保护其逃往四川之门户。此时，整个襄（河）西敌军已呈收缩南逃之势。为了牵制敌人，江汉军区决定集中兵力，组织开展荆门战役，歼灭荆门守敌，从而为大军南下渡江作战提供有利条件。

1月20日，江汉军区决定集中12个团的兵力，发起荆门战役。荆门军民为了迎接和支持主力部队解放荆门，抓紧进行战前的各项准备工作，成立战地服务队、担架队、慰问队。与此同时，北山党组织派员潜入县城，巧妙地侦察敌情，并绘制敌军布防简略图送交江汉军区。荆钟县副县长叶云在作战部队到来后，亲自担任前线向导。

2月4日拂晓，荆门战役总攻开始，江汉军区指战员在司令员张才千的指挥下向东宝山发起全面进攻。经过连续3次猛烈进攻，占领东宝山主峰，拿下这个瞰制全城的制高点后，部队迅速向城内进攻，敌军据点被击破。荆门战役，经过荆门县城、子陵铺、大烟墩集、团林铺等地战斗，共歼敌8900多人，活捉敌军长方靖，并缴获大批军用物资。

荆门战役，是江汉军区组织进行的参战部队最多、作战规模最大、歼敌数量最多的一次战役，赢得对敌作战的空前大捷，此役解放了荆门县城。

1949年5月武汉解放后，第四野战军在荆门军民的配合与支持下，先后解放沙洋、后港、拾回桥、十里铺等地。7月中旬,荆门全境解放。8月,中国共产党荆门县委员会、荆门县人民政府成立。至此,中共荆门地方党组织经过漫长的革命斗争,为荆门夺取新民主主义革命的胜利建立了伟大的历史功绩。

我们编辑《东宝红色印记》一书,就是按照东宝的革命历史进程,真实、详尽地记录发生在东宝的各个革命历史事件,让广大读者了解东宝人民的革命历程和斗争精神,从而激发革命意志,坚定革命信心,在建设东宝、振兴中华的征程中作出更大的贡献!

编者

目 录
CONTENTS

中共荆门党组织的创建

一、马克思主义的早期传播

20世纪初，接踵而至的新文化运动、俄国十月革命和"五四运动"促进了中国知识分子、先进青年的觉醒，促进了马克思主义在荆门地区的传播，开启了荆门红色革命征程。荆门城关地区马克思主义的传播始于龙泉中学，主要在龙泉中学进步师生中进行。

新文化运动是中国一些先进知识分子发起的一场反对封建主义的思想解放运动，以1915年9月陈独秀在上海创办《青年杂志》（1916年9月第二期更名为《新青年》）为标志，其主要内容是提倡新道德、反对旧道德，提倡白话文、反对文言文。新文化运动的主将向封建思想、道德、文化展开了全面宣战，引进并提出了一系列新思想、新主张。这场前所未有的启蒙运动唤醒了一代青年，使中国的知识分子尤其是广大青年受到了一次民主和科学思想的洗礼，从而为马克思主义在中国的传播创造了条件。

正当新文化运动如火如荼之时，1917年11月7日俄国十月革命取得胜利，列宁领导建立了人类历史上第一个社会主义国家——俄罗斯苏维埃联邦社会主义共和国，简称"苏俄"。十月革命一声炮响，给中国送来了马克思列宁主义，它指明了中国革命的方向，促进了更多知识分子的觉醒，从而推动他们去探索社会主义学说和社会主义道路，关心国家和民族的前途、命运。

湖北省立第十四中学（龙泉中学）原大门

1919年5月4日，"五四运动"在北京爆发。随后，全国20多个省的100多座大中城市掀起工人罢工、商人罢市、学生罢课的风潮，最后迫使北京政府释放了被捕学生，罢免了曹汝霖、章宗祥、陆宗舆等亲日派卖国贼的职务，拒绝在"巴黎和约"上签字，"五四运动"取得胜利。"五四运动"促进了中国工人运动同马克思主义的结合，促进了中华民族的伟大觉醒，从而揭开了中国新民主主义革命的序幕。此后，新文化运动进入学习、传播马克思列宁主义的新阶段。

"五四运动"迅速影响到荆门城关，素来封闭、落后的内地小县城很快与外面的革命浪潮息息相通。龙泉中学学生李廷璧、刘继汉、张葆仁、赵龙等在学校创办校刊《学潮》，由李廷璧、张葆仁起草《宣言》，要求"外争国权，内惩国贼""拒绝和约签字""取消二十一条"等，并号召抵制英日洋货，把斗争矛头直指洋务商人刘俊山（时为荆门县商会会长）、蔡时森。

在龙泉中学进步师生的鼓动下，荆门城关的学生、工人、店员积极响应"五四运动"，积极声援北京学生的爱国行动，纷纷走上街头游行示威，呼喊反帝反封建口号。随后的暑假期间，胡孟平、杨序东等一批在外读书返乡的青年学生组织龙泉中学等校学生上街游行示威、张贴标语、集会演讲演剧，宣传反帝反封建思想，愤怒声讨帝国主义的侵略和北洋军阀政府卖国求荣的滔天罪行，呼吁大家抵制洋货，使爱国反帝活动不断掀起高潮。

在革命浪潮澎湃之时，一些在武汉等大中城市读书求学的荆门籍青年接触到马克思主义，并参加了相关活动，成为荆门最早放眼看世界的人。他们认识到，中国的出路就是向俄国革命学习，走俄国人的路。同时，一批又一批龙泉中学师生觉醒过来，开始探索中国的未来，努力学习、接受并对外传播马克思主义，成为推动荆门社会进步与变革的急先锋。

1921 年 7 月 23 日，中国共产党第一次全国代表大会在上海召开，宣告中国共产党成立。8 月初，董必武、陈潭秋返回武汉，遵照中共一大精神，建立了武汉地方委员会，作为湖北地区党组织的临时领导机关。11 月初，中共中央局向全国各地党组织发出《通告》，要求做好党团组织的建立与发展工作，同时注意开展工人、青年和妇女运动。1922 年初，武汉地方委员会改组为武汉区执行委员会，直属中共中央领导，全面领导湖北地区党的工作。

中国共产党成立后，马克思主义在荆门地区得到更快传播，其传播途径主要有两个：

湖北省立第十四中学（龙泉中学）内文明楼

一是荆门城关的一些青年学生（主要是龙泉中学学生）将通过各种途径得到的马列著作的中译本和进步书刊秘密传到荆门各地，如《阶级斗争》《共产党宣言》《新青年》《向导》《每周评论》等。这些书刊在一定范围内流传，影响了一批追求进步的青年学生，帮助他们走上了信仰马克思主义的道路。1921年，当阳的李时鲜、李时新兄弟同时考入龙泉中学，其间阅读了《共产党宣言》《向导》《新青年》等进步书籍，从此开始革命活动。1925年9月远安县第一个地方党组织——中共远安县支部建立，干事会三名成员中有陈海涛、张汉千两人来自龙泉中学。陈海涛于1922年考入龙泉中学，后来成为远安早期党组织主要领导人；同年，张汉千从武昌高等师范学校数学系毕业后到龙泉中学执教，在龙泉中学师生反帝爱国活动的感召下接受了马克思主义。

二是一些在外地大中城市读书入党的荆门籍学生返回家乡时带回了一些进步书刊，然后通过在城关的同学、好友聚会时学习传播马克思主义。1924年暑假，家住荆门城关的广州铁道专门学校的学生文农从广州带回了《共产党宣言》《向导》《中国青年》《先驱》《前锋》等进步书刊。文农与幼年好友杜永瘦、邱林、张俊之、赵龙、尉士筠、李明扬等一起躲在住房里阅读这些书刊，相互交流。他们还在住的墙上挂起马克思画像，以马克思为革命偶像。

荆门最早接受马克思主义教育的都是龙泉中学的学生，如胡孟平（1922年冬入党）、邓炳纯（1923年冬入党）等。他们为探寻救国救民真理，大量阅读新书刊，吸纳了大量新知识、新思潮。随着马克思主义广泛传播，他们逐渐了解到俄国革命中列宁党的宗旨和工作方法与孙中山先生的宗旨和工作方法迥然不同，迅速改变了传统的观念、思想、方法，转向学习马克思主义，最终确立了对马克思主义的真正信仰。胡孟平是城北石桥驿人，家住荆门城关，1916年至1921年在龙泉中学读书，其父胡近铺是荆门城关高等小学校长，曾任龙泉中学老师。

湖北省立第十四中学（龙泉中学）门前的文明湖

　　在董必武、李汉俊、陈潭秋、萧楚女等的教育和影响下，胡孟平、邓炳纯等荆门籍学生成为荆门地区最早的一批中国共产党党员。他们虽然年纪轻，出身不同，成长经历各异，但都具有强烈的爱国心和救国救民的责任感，具有思想解放、追求真理、敢于奋斗、不怕牺牲的革命品质。1922年冬，在武昌高等师范学校英文系就读的胡孟平在董必武、陈潭秋的教育引导下加入中国共产党。寒假期间，受董必武、陈潭秋和武汉区执行委员会的派遣，胡孟平回到荆门城关，利用父亲在龙泉中学教书及自己在龙泉中学读过书的有利条件，多次到龙泉中学学生中宣传马列主义，组织阅读进步书籍，秘密从事革命活动。

在马克思主义传播之时，荆门城关发生了几件对龙泉中学及青年学生有巨大影响的事件。这几件事为荆门地区共产党组织的创立提供了组织基础和思想基础。

一是荆门县学生联合会成立。1922 年春，在湖北省学生联合会的帮助下，以龙泉中学为主体的荆门城关学生成立了荆门县学生联合会，杜永瘦任会长，邱林、张俊之任副会长。县学生联合会设在陆夫子祠。同时，龙泉中学成立了校学生联合会，赵龙任主席。学联主要通过集会演讲、街头演剧等形式，宣传反对卖国、抵制日货、还我山东、还我青岛、收回日租界等爱国思想。县、校学联成了城关青年学生从事进步活动的联络中心。龙泉中学数学老师王炳堂不仅是张俊之、邱林、杜永瘦的课外辅习老师，他位于鸳鸯亭旁的家还成了张俊之、邱林、杜永瘦等龙泉中学进步学生的活动之所。

二是龙泉中学"闹学潮"。1922 年 5 月 24 日午夜，龙泉中学的进步学生见校内无老师监督，感觉是个好时机，李廷璧就到学舍逐门敲喊，促请大家到教室洗心堂开会。同学们齐聚洗心堂后，公推李廷璧主持开会。李廷璧首先发言，向与会学生阐明这次行动的内容和目的。经过讨论，决定推举学生代表向湖北省教育厅控告校长王之谦、校监俞治允渎职。当晚，学生推举五班（第五届）的刘开觉、张葆仁、李廷璧、赵龙，六班（第六届）的刘继汉、刘金奎、戴时瑛、胡汇东、陈某，当阳、远安的学生各 1 名共 11 人为代表，负责出面向湖北省教育厅陈情。次日，学生代表走上城关街头，向荆门各界揭露王之谦、俞治允渎职的罪行，争取广大群众的支持、理解。湖北省教育厅为避免事态扩大，免掉王之谦的校长职务，将其调任到钟祥兰台中学，并指定由苏子宽继任。苏子宽敌视学潮，与荆门劣绅陈祥阶相勾结，打算镇压学生。其时，杜永瘦的母亲恰巧受雇在陈家帮工，闻讯后马上将消息告知自己在龙泉中学读书的儿子。随后，学生代表又发起"拒苏校长"的行动。省教育厅无奈，只好指定由思想进步的王炳堂暂时代理校长。龙泉中学第一次学生运动就取得了完全胜利。据戴时瑛1984年回忆，其时胡孟平在第五班，李廷璧、赵龙、张葆仁在第七班，刘继汉、刘金奎、贺定一在第八班，张俊之、邱林、杜永瘦在第九班，与前文表述有不同。

三是朝鲜爱国女青年金在天到荆门城关学校巡回演讲。1924年，金在天由武汉、钟祥到荆门城关进行抗日演讲，受到以龙泉中学学生为主的荆门各校学生及各界群众的热烈欢迎。金在天一连几天被请到文林中学、文萃中学巡回演讲，揭露日本帝国主义侵略朝鲜的滔天罪行，极大地激发了荆门青年的爱国热情。

四是城关学校师生纪念孙中山先生逝世。1925年，中国民主革命先行者孙中山先生逝世，龙泉中学方希平、张汝洛、顾仁铸、张汉千等老师与县学联杜永瘦、张俊之、邱林、尉士筠、许鹤龄、张葆初、李炼青、李良才、萧立卿等骨干联合文林中学、文萃中学、崇贞女子学校、两等女子模范学校等校师生，在城关小校场召开追悼大会。荆门县立模范高等小学、荆门县立模范初等小学、关帝庙私立平民子弟学校的部分师生参加了追悼会。此外，荆门县知事、县警察局局长、县商会会长、参加过武昌首义的老战士等各界名流也参加了追悼会。会上，张汝洛、顾仁铸、张汉千分别讲述了孙中山领导辛亥革命、推翻清朝政府、讨伐袁世凯、组织护法军政府的壮举，肯定了孙中山先生创立并推行联俄、联共、扶助农工的新三民主义和实现国共合作的丰功伟绩。尉士筠、黄孝育、李明扬等在会上领呼口号："总理精神不朽！""不忘总理遗言！""建设共和，改造中华！"龙泉中学《学潮》为此出版特刊，刊发杜永瘦的纪念文章《孙中山先生之死与世界无产阶级革命》，在广大师生中产生了很大影响。

二、创建荆门城关地区党组织

马克思主义在荆门城关地区的早期传播主要在龙泉中学的进步教师、青年学生中进行，其传播形式包括物色进步教师、学生，成立读书活动组织，秘密阅读进步书刊等。随着中国共产党的成立和马克思主义的不断传播，建立荆门地区地方党组织已迫在眉睫。

萧楚女是中国共产党早期青年运动领导人之一，党的优秀理论家，湖北早期革命活动家。1920 年 9 月至 1921 年夏、1924 年 2 月至 5 月期间曾两次在襄阳的湖北省第二师范学校任教。1920 年下半年，萧楚女在担任国文、哲学和物理教员期间，介绍《共产党宣言》《社会主义从空想到科学的发展》等进步书籍，传播革命思想，积极倡导移风易俗的乡俗改良运动，号召学生进行反帝反封建迷信的斗争。同年冬，就读于湖北省第二师范学校的荆门、当阳、远安、南漳、钟祥五县学生在萧楚女的启发引导下，成立了"五县边界乡俗改良会"，制定通过了《乡俗改良会章程》《乡俗改良会宣言》和《行动大纲》。其中《宣言》和《章程》这些重要文献都是由萧楚女亲自指导、审定的。此后，向封建文化、道德、宗法、礼教、神权宣战的乡俗改良运动在五县边界地区全面展开，声势浩大，对荆门学生产生了深刻的影响。

1924年春，胡孟平应聘到湖北第二师范学校教书。不久，萧楚女奉命前往上海共青团中央任职，由胡孟平陪同，从襄阳南下到荆门城关，住在城关学生赵龙家里。在胡孟平的联络、安排下，萧楚女与城关的赵龙、杜永瘦、邱林等一些进步学生秘密接触交流，宣传革命形势，进行革命串联，促进了城关地区马克思主义传播。

董必武是中国共产党创始人之一，湖北党组织的重要领导人。1920年8月，与陈潭秋等创立武汉共产党早期组织。1921年7月，与陈潭秋代表武汉党组织出席中国共产党第一次全国代表大会。1922年冬至1923年初，胡孟平受中共武汉区执委会和董必武派遣，利用寒假往返石桥驿—武昌时路过荆门城关的机会，与母校龙泉中学的进步学生交谈，传播进步思想。1924年9月，董必武和中共武汉地委又派邓炳纯到家乡马良传播马克思主义思想，建立党的组织。

1925年1月，中国共产党第四次全国代表大会在上海召开，会议通过了《对于民族革命运动之议决案》等11个议决案，并作出大力开展群众运动的决定。这次会议为革命群众运动的新高潮作了思想上组织上的准备。会后，武汉地委为推动各地革命斗争，加强党在国共合作中的领导权，秘密派遣一些党员分赴全省各地，进行建党和党员发展工作。

1925年暑假，经中共武汉地委批准，国立武昌高等师范学校哲史系学生、共产党员张汝洛应龙泉中学校长方希平之邀到龙泉中学任教。他以教书为掩护，秘密组织学生运动，培养学生积极分子入党，创建了荆门城关的党、团组织。与张汝洛一同到龙泉中学任教的还有英文系党员学生顾仁铸。

　　1925 年 5 月 30 日，上海爆发五卅运动，反帝怒潮很快从上海席卷全国，并影响到荆门，进一步点燃了荆门人民的反帝怒火。在张汝洛、顾仁铸、张汉千等老师的带领下，杜永瘦、邱林、张俊之以县学联名义声援上海人民的反帝斗争。6 月上旬，吴振东、龙剑平、汤化卿、李正鸣、宁继武、彭钰安、李文宣、刘鼎甲、孙念祖、刘金奎、张蕴美、李良才等数百学生走出校门，进城游行。县学联组织学生上街游行、演讲，进行文艺宣传，高呼"打倒日本帝国主义""对英日经济绝交""打倒贪官污吏""救我中华"等反帝爱国口号。整个活动持续了 3 天。各界群众纷纷加入游行队伍，游行规模越来越壮大，最多时有 1000 多人，杜永瘦、邱林、尉士筠、黄孝育、张葆初、戴时瑛、张俊之、许鹤龄、李炼青、萧立卿、靳吉祥等走在游行队伍的最前列。

　　在张汝洛的引导下，龙泉中学学生举行了 1 个月的罢课，还组成了以龙泉中学学生为主的"仇货检查团"，到城关各商店检查仇货，限制商行的经营行为，向店主宣传反帝爱国思想。检查团第一次检查是对销售英日货物的商行进行劝告，勒令他们不得再进仇货；第二次是清理登记仇货，敦促商行限期处理干净；第三次是将限期满后尚未处理的仇货一律销毁掉。

　　7 月上旬，"仇货检查团"成员李炼青、张俊之、萧立卿、许鹤龄、吴振东、龙剑平、宁继武、汤化卿、李文宣、刘鼎甲、孙念祖、刘金奎等在城关内集街检查仇货，发现刘俊山的"永昌厚"商行、"美孚"洋行仍在经营洋货，而且对"仇货检查团"的警告置若罔闻。检查团成员联合城关爱国群众，涌进内集街，砸毁"美孚"洋行，并将收缴来的洋烟、洋布等洋货全部搬到西成门外的来龙桥，淋上洋油全部烧毁。龙泉中学的学生杜永瘦、邱林、尉士筠、黄孝育、李明扬等由此赢得"城中五虎"的声誉。暑假期间，查禁仇货的运动还延伸到了荆南的杨家集、五里铺和城北的八角庙、南桥等地。

张汝洛以教书为掩护，在学生运动中观察、物色积极分子，组织学生运动，杜永瘦、邱林、张俊之、赵龙、尉士筠、李廷璧、刘继汉等在学生运动中更加活跃，李文宣、彭钰安、刘鼎甲、孙念祖、刘金奎等人崭露头角。张汝洛利用空闲时间与进步学生交谈，让他们秘密阅读《新社会观》《唯物史观》等进步书刊，接受马克思主义教育。有时，他还有意识地出题目要求学生作文，以了解学生的思想情况，进行革命教育。

在张汝洛的指导下，杜永瘦、邱林组织龙泉中学及城关其他学校进步学生秘密成立了读书会（又名补习班）。读书会成员经常在夜深人静时，躲在僻静之处阅读《独秀文存》《新青年》《社会史观》等进步书刊，逐步成长为马克思主义者。龙泉中学读书会还向城关的文林中学、文萃中学与崇贞女子学校、两等女子模范学校渗透。王洁华、王静珍、徐庶荣、车文淑、肖皋兰等进步女生先后加入了读书会，后来都成长为荆门城关风云一时的妇女领袖。同时，龙泉中学进步老师方希平、张汉千、王炳堂等建立了马克思主义研究会，秘密阅读马克思主义书籍，探讨救国救民真理，培育了荆门、当阳、远安地区一批具有共产主义思想的先进分子。

1925年9月，在胡孟平的指导下，张汝洛秘密发展了杜永瘦、邱林、张俊之3人加入中国共产党，并建立了龙泉中学党小组，隶属中共武昌地委领导，邱林任组长（一说同时入党的有邱林、杜永瘦、张俊之、李廷璧、李炼青、萧立卿、尉士筠等人。又说，杜永瘦、邱林、张俊之及赵龙由胡孟平在 1924 年暑假间发展入党）。龙泉中学党小组是荆门城关地区最早的党组织。有了党组织的领导，城关学生运动进一步发展，越来越多的龙泉中学学生集聚在党组织周围。

1926 年 1 月，中共武汉地委利用学校寒假的机会，将各校党员骨干以特派员名义派到各县巡视，开展建党指导工作。2 月，张汝洛再次发展彭钰安、刘鼎甲、李明扬、黄孝育、孙念祖、王洁华、李良才入党，并分别与新党员谈话（一说 4 月，张汝洛再次发展了尉士筠、刘继汉、彭钰安、刘鼎甲、李明扬、张大陆、孙念祖、黄孝育、王洁华等进步学生入党）。4 月，张汝洛以踏青为名，在白龙潭与老莱山庄之间的象山脚下召开党员会议，主持成立了中国共产党荆门县支部委员会，尉士筠任书记，隶属中共武昌地委领导。县支部委下设有组织委员、宣传委员。在党组织领导下，龙泉中学及城关学生运动进一步发展，带动了县内其他地区学校的学生运动开展。

1925 年秋，以龙泉中学学生为主的县学生联合会与国立武昌中山大学党员学生严斌相互配合，在胡家集、八角庙一带开展反帝抗毒、没收仇货的进步活动，点燃了北山革命斗争的烽火。

1925 年 11 月，荆门城关"永昌厚"老板刘俊山和"怡升恒"老板蔡时森以商会的名义，联合城关的张述南、陈祥阶、耿公望、郭太昌等几个资本家，向湖北省督军陈嘉谟控告，诬称龙泉中学有"赤化党"活动，并称杜永瘦、邱林、张俊之、赵龙、刘继汉、尉士筠、黄孝育、李明扬、李廷璧、彭钰安、李文宣、刘鼎甲、许鹤龄、李良才、靳吉祥等学生是"赤化党"。

12 月的一个冬夜，荆门城防司令、北洋军营长程仁瑞根据督军陈嘉谍的密令，派兵包围龙泉中学以缉拿"赤化党"，并要龙泉中学交出"赤化分子"。程仁瑞与张葆初熟识，行动前就将要奉命到龙泉中学抓"赤化党"的消息透露给了张葆初。张葆初劝说程仁瑞无效，立即赶往龙泉中学报信，让校长、老师想办法。

在严峻时刻，校长方希平非常关心学生，就将情况及时告知张汝洛等老师。张汝洛安排共产党员和学生骨干杜永瘦、邱林、张俊之、尉士筠、黄孝育、李明扬、彭钰安、李文宣、刘鼎甲、许鹤龄、李良才等迅速撤离，暂避风头。方希平还为每个学生提供了两块银圆、二十串双铜圆的路费。随后，杜永瘦、邱林、张俊之等党员和进步学生杨序贤、李万英、严子汉、罗汉、鲁光武等10人，悄悄翻越围墙逃离龙泉中学，并秘密离开荆门赶赴武汉。在胡孟平的引荐下，杜永瘦、赵龙等由武汉党组织介绍，南下广州进入黄埔军校学习。1926年3月，杜永瘦、张俊之编入黄埔军校第四期政治科大队第三队，赵龙、李万英、杨匡民、胡兆荣编入经理科大队第一队，简立桂编入政治科大队第一队，鲁新民编入步兵第二团。他们是荆门最早的黄埔军校学员。邱林由中共广东区执委安排到省港罢工委员会工作。

程仁瑞按照名单到龙泉中学搜捕学生，结果一无所获，便以私放"赤化党"为由，将校长方希平关进大牢，长达一年之久。

在马克思主义不断传播的基础上，荆西的高家畈，荆南的马良、杨家集、沈家集，荆北的叶家闸等地出现了中共党员的活动，发展党员，先后建立了早期党组织。

1926年12月，在全县各地党组织迅速建立、发展的基础上，中国共产党荆门县代表会议在城关高等小学的大门门楼内（在今龙泉中学操场）召开。刘鼎甲、李明扬、李文宣、贺鼎元、黄孝育、张蕴美、李廷璧、邓炳纯、张大陆、刘继汉、王洁华等出席会议。会议按照中共四大精神，成立了中共荆门县部委员会，由胡孟平任书记，隶属中共湖北区委领导。会议决定，当前及今后一段时间，县部委中心任务是扩大党的组织，号召党员到军队中去、到工厂去、到农村去，积极领导工农运动。

在荆门县部委的统一领导、部署下，全县各地党组织贯彻党代会精神，在农村广泛串联发动群众，掀起了农民运动高潮，同时改扩建、新建了一批党支部。其中，1926年底，荆门县支部委员会更名为城关党支部，李明扬任书记；马良党小组扩建为马良党支部，宁继武任书记；杨家集成立党支部，李文宣任书记；叶家闸建立党支部，叶松若任书记。1927年1月，沈家集成立党支部，刘子章任书记。同月，杨秋甫在沙洋（新城、李家市、荆潜）建立党支部，任书记。3月，高家畈党小组改建为党支部，贺淑阶任书记。5月，吴觉民在牌楼岗建立党支部，并任书记。此后，子陵铺百家大庙建立党支部，吴执夫任书记；大棠梨树湾建立党支部，张成华任书记。

至1927年5月，荆门全县有10个党支部，80多名党员。党的组织犹如星星之火，在全县各地燃烧起来。

三、建立国共合作统一战线

中国共产党在领导中国革命的实践中认识到，要完成反帝反封建的革命任务，就要建立以工农联盟为基础，有各革命阶级、阶层和各革命团体参加的广泛的民族革命统一战线。这一时期，龙泉中学学生中不少人成为荆门地区共产党与国民党合作的重要领导者。

1923 年 6 月，中国共产党第三次全国代表大会在广州召开。大会通过了《关于国民运动及国民党问题的议决案》，决定采取党内合作的形式同国民党合作，即共产党员、社会主义青年团员以个人身份加入国民党，用这种孙中山先生唯一能够接受的形式实现国共合作，建立革命统一战线。11 月，中共三届一中全会讨论通过的《国民运动进行计划决议案》特别指出，"国民党有组织之地方，……同志们一并加入"，"国民党无组织之地方，……同志们为之创设"。

1924 年 1 月，在中国共产党和共产国际的帮助下，孙中山在广州主持召开国民党第一次全国代表大会。大会通过了《中国国民党第一次全国代表大会宣言》草案和《中国国民党章程》。其中《中国国民党第一次全国代表大会宣言》完全接受了共产国际《关于中国民族解放运动和国民党问题的决议》的精神，重新阐释了孙中山先生的三民主义，确立了"联俄、联共、扶助农工"三大政策。大会通过的《对于农民运动之宣言及政纲》强调指出在国民革命中发动农民的重要性。孙中山的新三民主义与中共二大确立的民主革命时期的政治纲领及若干基本原则趋于一致，因而成为第一次国共合作的政治基础。

根据中共三大及一中全会的精神，湖北地区党组织大力推动国共合作工作。1925 年 7 月 15 日至 20 日，在董必武、陈潭秋的主持下，中国国民党湖北省第一次代表大会在武昌召开，国民党湖北省党部正式成立。大会选出的 14 名执行委员和候补委员中有董必武、陈潭秋等 11 名中国共产党党员。大会通过了在全省普及国民党组织、广泛建立党团和发展工、农、青、妇、商等各界民众运动议决案。国民党湖北省党部的创设，标志着湖北地区以国共合作为基础的革命统一战线初步形成。

会后，共产党员和国民党左派同心协力，分赴全省各县市发展国民党的基层组织，使联合统一战线从武汉发展到全省各地。国民党荆门县党部及基层组织都是由共产党员和国民党左派创建的。荆门国共合作是从国民党荆门县党部成立后开始的，并由荆门城区向各区、乡发展。共产党员活跃在全县各地，以双重党员身份走上国民革命第一线，并以主要精力帮助组建国共合作的地方组织。同时，各地农民协会、工会、妇女协会、商民协会、青年团、儿童团等群众组织纷纷建立起来。

1925 年 1 月，中国共产党第四次全国代表大会在上海召开，会议通过了《对于民族革命运动之议决案》等 11 个议决案，并作出大力开展群众运动的决定。

1925 年 7 月，在国共合作的推动下，湖北及荆门农民运动开始兴起，一些在武汉读书的荆门籍学生由董必武安排回到荆门发动群众。他们以教私塾或种田的公开身份，秘密串联发动农村最苦最穷的年轻人，向他们揭示农民为什么穷、豪绅地主为什么富的根本原因，宣传共产党的主张、方针和政策，鼓动农民团结起来，组织农民协会，同豪绅地主作斗争。青年学生同农民一同劳动，逐步得到农民群众的信任，越来越多的农民群众被动员起来。荆北石桥驿的新集和荆南团林铺的赵家庙、蒋家集等地农民建立了农民协会，任国钧等是最早的一批农协会员。这是荆门地区最早的农民协会，但成立后并没有开展什么公开的活动。

1926 年 1 月 3 日，国民党湖北省党部召开全省农民协会代表大会，正式成立湖北省农民协会（3 个月后被湖北督军陈嘉谟查封）。尽管处在北洋军阀当局的高压之下，省农民协会仍坚持派农会专员到各地指导工作，各地农民运动得到一定发展，但各农民协会仍处于不公开状态。1926年上半年，随着北伐军胜利进入湖北境内，湖北各地农民运动从秘密走向公开，农协组织纷纷建立起来。10月，北伐军攻占武汉三镇后，全省农民革命运动更加高潮迭起。

1926年9月，聂豫率领国民革命军长江上游先遣军攻克荆门县城后，城北的仙居首先成立农民协会筹备会。接着，城南的杨家集、五里铺成立了农民协会筹备会。11月，北伐军西征军进入荆门，荆门县农民协会筹备会成立，张大陆、刘鼎甲任执行委员，负责日常工作。随后，荆门党组织组织青年学生到各地农村去，发动农民成立区、乡农民协会，各地基层农民协会纷纷建立起来。乡农协是农民协会的基本组织。截至1927年2月底，荆南的杨家集、五里铺、沈家集、马良、邓家湖，城西的大烟墩集、高家畈，城北的仙居、石桥驿、新集、百家大庙、叶家闸，城东的石渠区、牌楼岗、胡家集、尹家湾等农民协会全都建立起来。至3月底统计，荆门全县建立了14个区农民协会、90个乡农民协会，农协会员9700人，农运工作已走在全省第一方阵。

1927年3月4日至22日，湖北省农民协会第一次代表大会在武昌召开。会议就乡村革命中的一些重大问题，如政治、经济、武装、统一战线等作出决定，通过了一系列反映农民要求的《农民问题决议案》，要求"各级党部要发动农民反对苛捐杂税……不拘形式地组织农民协会、农民协作社、农民自卫团，使偏僻落后的农村变成革命运动的重要阵地"。大会选举产生了省农民协会执行委员会，陆沉任委员长，陈荫林任副委员长。这次大会被誉为"湖北农民解放的新纪元"。

不久，国民党湖北省党部针对省内不断发生土豪劣绅捆绑、殴辱甚至屠杀工农运动干部的情况召开紧急会议，决定成立惩治土豪劣绅条例起草委员会，起草相关条例。同年3月18日，国民党湖北省党部正式颁布了由董必武主持制定的《湖北省惩治土豪劣绅暂行条例》《湖北省审判土豪劣绅委员会暂行条例》，其中严格规定了惩治对象与量刑标准。这两个条例在国民党二届三中全会上获得通过，成为国民党指导农民工作的法案。湖北省党部随即训令各县速行组织县审判委员会，省政府和各民众团体合组复审机关湖北审判土豪劣绅委员会。接着，湖北省政务委员会明令公布在湖北全省实施上述两个条例。各级农协依据土豪劣绅罪恶的大小，分别采取清算、罚款、派款、游乡示众、驱逐、关监直至处决等形式，惩治打击不法土豪劣绅。一切权力归农会，农民协会成为农村的权力机关。国民党荆门县党部成立审判土豪劣绅委员会，先后审判、惩处了周兴元、常幼青等8个土豪劣绅。各区、乡相应成立了由农协会员和农民自卫军组成的清算委员会，清算土豪劣绅、团总、保董剥削群众的罪行。

1926年11月中旬，为了培养农民运动骨干，中共中央农民运动委员会书记毛泽东主持制定了《目前农运计划》，计划提出"在武昌开办农民运动讲习所"，由湘鄂赣三省合办。这个提议得到了以董必武为首的国民党湖北省党部的有力支持。1927年2月底，国民党中央执行委员会第七十六次会议决定将湘鄂赣三省农民运动讲习所扩大为中国国民党中央农民运动讲习所，由中国国民党中央农民运动委员会管理，指定邓演达、毛泽东、陈克文担任常务委员，组成学校最高领导机构，毛泽东实际主持工作。农讲所着重讲授农民土地问题、农村政权问题、农民武装问题,特别注重学员的军事训练。讲习所学员学习工农革命运动的理论,学习军事知识,受到毛泽东、董必武等中共领导人的教诲,增长了革命才干,毕业后均被委以省党部特派员、省农运特派员身份回各地活动,成为各地工农运动的骨干。

荆门县部委成立后,立即选派贺淑阶、贺鼎元、李文宣、靳吉祥等党团员骨干到武昌中央农民运动讲习所学习。1927年4月,贺鼎元、李文宣、靳吉祥以省农民协会特派员身份,从武昌中央农民运动讲习所派回到荆门,深入农村,发动群众,领导农民进行革命斗争。同月,荆门县农民协会正式成立,贺鼎元任主席,李文宣、靳吉祥任副主席,张大陆、刘鼎甲任执行委员,贺鼎元、胡孟平、李廷璧为常务委员。

为了进一步发展农民运动,县农协还派遣一批骨干深入农村,领导农民协会,发动群众开展斗争。其中,张琢成负责牌楼岗、胡家集、尹家湾一带,吴觉民负责黄家集、百家大庙一带,杨序东负责石桥驿、新集一带,李纯斋负责杨家集、五里铺一带,贺鼎元负责大烟墩集、高家畈一带,李廷璧负责沈家集一带,邓炳纯负责马良、邓家湖一带。荆门县农民协会的成立,极大地推动了荆门各地农民革命斗争,掀起了荆门农民运动的第一次高潮。

在县农民协会领导下,荆门各地农民运动更加蓬勃兴起。农民协会领导群众普遍开展了反对劣绅、禁止烟赌、砸毁神像、禁止烧香拜佛、破除迷信、反对买卖婚姻、反对虐待妇女、提倡男女平等、妇女剪发放足、减租减息、焚烧田契、反对重利盘剥等活动,深受群众拥护,越来越多的群众踊跃参加进来。农协会员肩扛梭镖,手持大刀,召开审判、斗争土豪劣绅大会,让土豪劣绅戴上"高帽子"游乡,罪大恶极的抓起来送到县城坐牢。城南杨家集农民协会将张玉亭、城北仙居农民协会将罗祥林等先后押送到荆门县城,关进了监狱。农民协会在农村有很强的凝聚力、号召力。千百年来世世代代受苦受难的贫苦农民开始扬眉吐气,土豪劣绅则威风扫地。过去几千年农民群众连想都不敢想的事情,农民协会在很短的时间里就办到了。荆门农村在农民运动浪潮中发生了巨大的变化。

1927年4月初,国民党湖北省党部派候补执行委员、荆钟京天潜巡视员胡孟平到荆门巡视,在钟祥冷水铺、文家集交界的黄土坡一贯寺召开5县农民代表大会,到会农民3万多人。会议由胡孟平主持,传达省第一次农民代表大会精神。各县农民协会领导人在大会发表讲话,群情激昂。会后,农民群众举行了声势浩大的示威游行,途经大庙集、文家集、王家集、陈家集和塘港,行程20多里,声震襄河两岸,有力推动了荆门地区的农民运动。

在发动人民群众建立群众组织的基础上,荆门地区共产党员根据国共合作统一战线要求,纷纷投入组建国民党县党部和区、乡基层组织的工作中。1926年9月,长江上游先遣军光复荆门,中共荆门县支部委指示孙念祖(国共双重党员)等人牵头组建国民党荆门县临时党部,接管县政府,县政府机关设在城关(县图书馆)。

县临时党部由国民党员、共产党员联合组成,实行常务委员负责制,内设组织、宣传、农民、工人、商民、青年、妇女等部和党部秘书,另设监察委员,孙念祖任常务委员负责全面工作,黄孝育任组织部部长兼宣传部部长,李廷璧任农民部部长,李明俊任工人部部长,覃楚峰任商民部部长,王洁华任妇女部部长,张蕴美任青年部部长。除李明俊、覃楚峰为国民党员外,其他全部为共产党员。共产党员在临时县党部中都担任着重要职务,人数多,职位也最为重要。国民党县党部的建立,标志着第一次国共合作统一战线在荆门全面形成,反帝反封建的革命新局面正式出现。

同时,临时县党部在县内各区建立了区分部。荆门县临时党支部下设城关区(第一区)党部和第二区、第三区、胡家集区、叶家闸区、八角庙区、乐乡关区、南桥区8个分党部。其中,城关区(第一区)党部设在县商会,第二区分党部设在西门,第三区分党部设在南台。区分部同样实行常务委员负责制,共产党员在其中占有较大的比例。此后,共产党组织、共产党员终于走出"地下",可以公开活动了,荆门国民革命迎来了新高潮。

国民党荆门县临时党部成立后,国民党右派分子及其他反动势力依然猖獗,革命形势仍很严峻。1926年9月,尉士筠调湖北省工人运动讲习所工作,并将荆门县政局不稳的情况向国民党省党部汇报。10月,省党部派胡孟平、张宗治到荆门工作,由张宗治任县长,胡孟平负责筹建国民党正式县党部,并秘密领导全县共产党组织的活动。胡孟平到荆门后,开始筹建正式的国民党县党部,同时积极支持临时县党部的活动。

1926年11月初,胡孟平与孙念祖、黄孝育商议,以临时县党部的名义在城关小校场召开群众大会。城关及周边20里内的掇刀石、牌楼岗、车桥、杨店、子陵铺等地群众万余人赶来参会。会前,印发了《告群众书》和标语口号。会议由孙念祖主持。胡孟平进行了4个多小时的演讲,宣传北伐战争胜利的大好形势,宣传"联俄、联共、扶助农工"三大政策和在荆门实行国共合作、建立国民党县党部的重大意义,宣传县党部选举办法。大会进行了一整天。会后,举行了群众万人大游行,充分展示了革命力量，震慑了反动势力。

这时，在武汉的国民党西山会议派分子罗贡华，听到胡孟平、孙念祖成立荆门县临时党部的消息后，异常恼怒，立即派其亲信刘禹如、张致和、陈慎安、丁致生回荆门，自称是省党部派到荆门成立县党部的代表，在西门内旧审判厅挂起了"荆门县党部"的牌子，在大街上张贴反对临时县党部的大标语，还到处散布谣言说临时县党部是假的，要推翻。此外，他们还用种种卑鄙手段到区党部、区分党部大肆活动，贿选拉票，妄图夺权。此时，夏斗寅部进驻荆门城关，他们的行动得到了刚到荆门的夏斗寅师政治部主任张获柏的支持。胡孟平将这一情况立即报告给省党部，省党部迅速派双重党员郑维华到荆门，以省党部特派员的身份，监督县党部的选举。

在组建国民党县党部过程中，中共荆门县支部委坚持维护国共合作统一战线政策，团结国民党左派，争取中间派，坚决打击右派，确保了国民党县党部的顺利组建和共产党员在县党部中的领导地位。12月，国民党荆门县党部选举大会在城关崇贞女子学校举行。最终选举的结果，孙念祖等临时县党部成员全部当选。另外，共产党员胡孟平、石让卿分别当选为组织部部长、执行委员。共产党员数量在县党部中占据绝大多数。县党部设在旧议会（今工商街）。县党部成立后，各区党部、区分党部相继建立起来。石桥驿还建立了特区分部，直属县党部领导。国民党荆门县党部正式宣告成立。随后，全县各区党部、区分党部陆续建立起来。

罗贡华选举失败后，仍不甘心，又派其爪牙胡汇东到沙洋组织国民党沙洋党部，以与荆门县党部分庭抗礼。湖北省党部得知情况后，立即电令郑维华，派他到沙洋解散了沙洋党部，并组建了以共产党员为主的沙洋区党部。国民党右派分子的阴谋被戳破，共产党员在国民党县党部的领导地位得以巩固。

1925年1月，中国共产党第四次全国代表大会在上海召开，大会对于发展工人运动、农民运动、青年运动、妇女运动均作了具体部署，确定党必须努力加强对工农革命群众运动的领导。在中国共产党的领导下，荆门地区工农群众运动得到快速发展。由共产党人主导的国民党荆门县党部，相继成立了县总工会、县农民协会、青年团、县妇女协会、商民协会、儿童团等群众团体，革命浪潮席卷全县城乡，大革命形势一片大好。1926年4月，张汝洛吸收龙泉中学学生运动积极分子靳吉祥、李文宣、叶云加入共青团，并建立了共青团荆门县支部，由共产党员彭钰安任书记。1926年9月，荆门县儿童团成立，张大陆任团长。1926年冬，荆门县总工会成立，张大陆任主席。1926年12月，荆门县妇女协会成立，王洁华任主席。革命群众组织的相继建立，进一步巩固了中国共产党及其领导下的国共合作革命统一战线的基础。

四、北伐战争与荆门光复

1926年5月初，广州国民革命政府派遣国民革命军第七军第八旅第十五团和第四军以共产党员为骨干组成的叶挺独立团作为北伐先遣队北上援湘抗吴，揭开了北伐战争序幕。6月5日，广州国民革命政府颁布出师北伐动员令。7月初，发布北伐宣言。7月9日，国民革命军在广州举行北伐誓师大会，北伐战争正式开始。龙泉中学学生杜永瘦、张俊之、赵龙等参加了北伐战争，贺鼎元、尉士筠、彭钰安、李文宣、靳吉祥、龙剑平等参加了长江上游先遣军光复荆门城的斗争。其中，赵龙任国民革命军第二军第四师第六团团长兼政治部主任，杜永瘦、杨序贤任第一军第一师排长。

湖南、湖北两省是北伐战争的主战场。7月11日，北伐军连战皆捷，司令部进驻长沙，北伐战争取得第一阶段的胜利。北伐军总司令蒋介石在长沙召开军事会议，接受苏联军事总顾问加仑的建议，确定了直捣武汉、消灭吴佩孚的战略方针。北伐军决定，兵分左、中、右三路攻取湖北，对江西取守势：以第四、七、八军组成中路军，以占领武汉至武胜关为作战目标；以第二、三军，独立第一师，第五军第四十团组成右路军，监视江西，拱卫中路右侧安全；以第九、十军组成左路军，以夺取荆州、沙市和襄阳为作战目标，封锁长江上游，保护中路左侧。

8月下旬，在工农群众的大力支持下，北伐军中路军由湖南推进到湖北境内，一路高歌猛进。8月27日，取得汀泗桥战斗的胜利，打开了通向武汉的南大门。29日，取得贺胜桥战斗的胜利，击溃了吴佩孚的主力。北伐军两次重创吴佩孚，占领鄂南。9月上旬，第八军渡过长江，攻占汉口、汉阳，并团团包围住武昌城。10月10日，北伐军攻克武昌城，取得北伐第二阶段作战的重大胜利。

1927年元旦，国民党中央执行委员和国民政府委员临时联席会议正式开始办公，决定将汉口、武昌、汉阳组成京兆区，定名武汉，作为国都。2月12日，在南昌的国民党中央政治会议决定中央党部、国民政府迁往武汉，并决定中央党部设于汉口，国民政府设于武昌。武汉一时成为大革命的政治中心。

1926 年 8 月 12 日，为配合主力中路军进攻武汉三镇，北伐军第九军（军长彭汉章）、第十军（军长王天培）组成左路军，出师荆州、沙市和宜昌，开辟鄂西战场。北伐军随后进行长江南、北两岸两线向宜昌进军的战斗。其中一线是第九军及第十军，由湘西向湖北的鄂中、鄂西挺进，从长江南岸向宜昌进发。另一线则是北伐军攻占武汉后，第八军（军长唐生智）第一师（师长叶琪）、第二师（师长何键）和鄂军第一师（师长夏斗寅）从长江北岸夺取荆沙，向宜昌挺进。

9 月上旬，在北伐军中路军北上攻打武汉三镇时，左路军一路激战北上，经湘西北向鄂西进发。9 月 13 日，左路军在澧县南门大操坪誓师北伐。14 日，第九军第一师（师长贺龙）自湘西进入松滋南境，直取松滋、公安，进逼荆州、沙市。9 月 17 日，第一师偕第二师（师长杨其昌）由常德—沙市公路向公安挺进，于 18 日占领公安县城南平，于 20 日进至观音寺、黄金口、斗湖堤一线。9 月 23 日，第一师、第二师与四川军阀杨森部武装及鄂西北洋军组成的"川鄂联军"展开多次激战，随后乘胜攻占松滋，前锋直指宜昌。

9 月 26 日至 10 月初，第九军、第十军与"川鄂联军"在沙市、荆州、枝江、仙桃及湘北的南县、华容、津市等地形成拉锯战，互有胜负。

10 月 10 日，中路军攻克武昌城，吴佩孚主力基本被消灭。11 月初，左路军第十军突破渔阳关，进占五峰、长阳、宜都、枝江等地，与第九军形成会攻宜昌之势。11 月 6 日，左路军第九军在黄金口击溃北洋军卢金山、于学忠部，迫使杨森派代表赴汉向国民政府"请罪"。11 月 21 日，杨森在宜昌通电就职国民革命军第二十军军长兼川鄂边防督办，但杨森阳奉阴违，背地向吴佩孚发密电表示效忠，但其部息战客观上起了釜底抽薪的作用，北洋军已无法扭转鄂西战局。

武汉三镇战事结束后，北伐军前敌总指挥兼中路军总指挥、第八军军长唐生智命令第八军第二师、鄂军第一师及第十五军组成西征军，由何键指挥，协助左路军肃清鄂西之敌。12月初，唐生智在武汉召开军事会议，制订了总攻鄂西、会师宜昌的作战计划。

12月上旬，西征军相继克复天门、荆门、京山、钟祥等地。其中，第八军的叶琪、何键二师进占荆沙、当阳，夏斗寅的鄂军第一师攻占荆门。12月15日，北伐军攻克宜昌城。鄂西地区北洋军被全部肃清，胜利实现光复。1927年1月，驻宜昌北伐军奉命撤离，夏斗寅的鄂军第一师改编为独立第十四师，由当阳、远安进驻宜昌城，负责宜昌防务。

为了配合北伐军北伐作战，中共湖北区委做了大量的支持工作。1926年5月，李超然奉董必武密令，经湖南至广州，与北伐军总政治部取得联系。6月，湖北区委通过国民党省党部派当阳的李超然、李万英和远安的吴海涛等组成鄂西先遣政治工作组，赴当阳、远安联络川军和民团，组织成立北伐先遣军，发动武装起义，扰乱北洋军阀吴佩孚的后方，牵制敌人兵力，迎接国民革命军。李超然率领鄂西先遣政治工作组衔命回到当阳，积极联络地方民团，经过一段时间的发动和联络，成立了1800多人、1500支枪的国民革命军长江上游先遣军，推举辛亥革命元老聂豫为总司令，李超然任参谋长，朱绍裔任政治部主任兼筹军需。

9月21日，当贺龙部进军鄂西之际，李超然发动当阳城关起义，占领了当阳县城，活捉了当阳县知事程国藩，捣毁了县政府，成立了国共合作的革命县政府，朱绍裔当选为当阳县革命政府第一届县知事。

这时，荆沙、宜昌、襄阳仍驻有北洋军王汝勤、卢金山、张联升部重兵，距当阳都只有一两天的路程，先遣军四面受敌。李超然为了防止先遣军遭北洋军合击，建议主动进攻远安、荆门、钟祥，寻机歼敌，吸引敌人兵力，使鄂西北洋军不能分兵武昌，待武昌攻克后大踏步东进与北伐军会合，得到大家的赞同。于是，先遣军决定兵分三路：一路由朱绍裔率领部分卫兵留守当阳县城，监视宜昌之敌，主力兵分两路向外出击；一路由聂豫率领，取道荆门、钟祥，沿汉水东下，以与北伐军会合；另一路由李超然率领司令部卫队，会合远安南乡农民自卫团攻打远安县城。

9月23日，先遣军分批从当阳挥师出发。李超然率领卫队，行至远安三孔岩，与陈海涛组织的南乡农民自卫团会合，于傍晚占领远安县城外制高点，包围县城。当晚，守军投降，先遣军兵不血刃占领远安县城。

9月23日，聂豫率领先遣军主力东进，渡沮河、漳河行至淯溪镇附近方山观，与卢雅卿率领的民团会合，并在漳河沙滩举行誓师大会。荆门县支部委员会在得知先遣军起义并占领当阳县城的消息后，派党员贺鼎元、陈士和赶到当阳淯溪镇，与聂豫、卢雅卿等会面，并请求先遣军向荆门、钟祥进军。

9月25日，聂豫率部经淯溪镇攻占小烟墩集，随后继续向荆门境内进发。在贺鼎元、贺淑阶、陈士和等率领的高家畈农协会员支持下，先遣军以迅雷不及掩耳之势奇袭大烟墩集，将守敌民团击溃，占领大烟墩集，随后乘胜追击，于当晚抵达荆门城郊的象山。聂豫司令部随即进驻龙泉中学，并在此指挥光复荆门的战斗。同时，李廷璧、邓炳纯等带领100

多名农协会员从邓家湖赶往荆门，前来助威。荆门县知事毕世彦不以为意，下令紧闭城门，企图固守待援。

9月26日夜，尉士筠、彭钰安联络在城内的同学孙念祖、靳吉祥、李文宣、吴振东、吴觉民、宁继武、全中柏、龙剑平、何寿鹏、张蕴美、汤化卿、许鹤龄、刘金奎等，分成五组，分别靠近五座城门，以送饭、递茶慰问为名，游说驻守城门的守备队员。经过劝说，驻守县城的北洋军一个连大都愿意归顺先遣军，于是暗中打开城门，迎接先遣军进城。在凤鸣门守军的配合下，李廷璧配合卢雅卿部入城，继而西成门大开，贺鼎元配合张丙寅部直捣县政府，将县政府卫队及民团包围、缴械，俘获县知事毕世彦，占领荆门县城。守护东作门的民团拒绝投降，刘舒轩攻克东作门后，少数团防队顽固分子躲入响井街天主教堂楼上，凭险射击，负隅顽抗。刘舒轩指挥先遣军找来大量易燃的干草、枯叶、树枝、洋油，焚毁教堂木楼，将其全歼。第二天黎明，肖瑞伯率部攻克北辰门，荆门光复。尉士筠、孙念祖、李明扬、黄孝育、彭钰安随即将胜利的红旗插在各城楼上。同时，聂豫率领司令部穿过来龙桥入城，进入县衙。随着北洋军阀政权被推翻，县议会公举县商会会长张述南代理县长，组成新的荆门县政府。

随后，先遣军除留部分队伍驻守荆门城关外，主力沿荆钟公路向东进击，进攻钟祥县城。钟祥县警备队招架不住，便紧闭城门死守，先遣军只能依托城外码头街的民房与敌对峙，双方隔空交战。聂豫见钟祥城墙坚固，强攻只会徒耗弹药，便下令停止射击，派人送信给钟祥县知事张春山，称只是路过钟祥顺便筹粮而已。张春山权衡利弊，接受先遣军的条件讲和，并命令县警备队移至文昌阁至北湖山岗一带驻扎，城内仅留下几十名警察维护治安。先遣军乘城内空虚，派兵占领了钟祥县城。

张春山看在眼里，恨在心里，暗中派人日夜兼程到京山、襄阳、荆沙送信求援。接着，京山县知事派县警备队300多人驰援钟祥，驻襄阳的张联升、驻荆州的王汝勤也各派1个团的兵力向钟祥疾驰而来。9月25日，驻宜昌之敌卢金山从宜昌出发，并于当晚攻占当阳县城。朱绍裔率守城部队当即撤离，并与进攻远安的李超然部会合，一并撤往荆门、钟祥。聂豫见北洋大军四面逼近钟祥，于是率领主力转移，同时派人通知驻远安的李超然、驻当阳的朱绍裔率军赶到荆钟交界的北山会合，商讨下一步作战方案。

北洋军在当阳、远安大举反扑后，李超然、朱绍裔等率部边打边撤，退至钟祥境内与聂豫所率主力会合。接着，驻襄阳、荆州的北洋军张联升、王汝勤等部1万多人前来围攻。先遣军在汉水南岸与敌激战数日，被迫放弃钟祥县城，准备撤至荆门、钟祥交界处的北山，以继续与敌人周旋。先遣军为甩脱合围的北洋军，故意向东方京山境内进发，然后虚晃一枪折往北山腹地。

聂豫、李超然、陈海涛、朱绍裔等先遣军领导人陆续会聚北山，随即召开军事会议，研究下一步行动计划。鉴于北伐军攻打武昌受阻，先遣军必须紧紧拖住在鄂西的北洋军，因此决定：由李超然率领第二、三营主力坚守北山，与北洋军对峙；聂豫带领张丙寅的第一营寻机东出武汉，到武汉与北伐军联系。在与北洋军对峙一月余后，聂豫率领第一营赶赴武昌，与北伐军取得了联系。

10月10日，北伐军攻占武昌城，消灭了吴佩孚主力，随后组成以何键为总指挥的西征军，向鄂西挺进。西征军所到之处，北洋军闻风而逃。

李超然等闻讯，率领先遣军下山出击，追歼逃敌，到钟祥县城与西征军会合。随后，先遣军为西征军作向导，协同重返荆、当、远地区，于11月重新夺回荆门、当阳、远安县城。

五、荆门大革命运动的失败

1927年春，随着北伐战争的节节胜利，北洋军阀分崩离析，革命形势大好。但是，以蒋介石为代表的南京国民政府和以汪精卫为代表的武汉国民政府相继叛变革命，背叛孙中山"联俄、联共、扶助农工"三大政策，宁汉合流，倒行逆施，给中国革命带来了一场深重的灾难。

1927年4月12日，蒋介石勾结中外反动势力，以"清党"为名，在上海悍然发动"四一二"反革命政变，公开背叛革命，大肆屠杀共产党员、革命群众。随后，东部其他几个省也相继发生了以"清党"为名对共产党人和革命群众的大屠杀，李大钊、萧楚女等一批著名共产党人惨遭杀害，革命形势急转直下。4月18日，蒋介石在南京另行成立国民政府，与以汪精卫为首的武汉国民政府相对抗。

"四一二"反革命政变的消息传到荆门，激起了荆门人民的强烈愤慨。4月下旬，荆门县农民协会在城关大校场召开万人大会，愤怒声讨蒋介石叛变革命的罪行。城关及周边30里范围内的农协会员、工人、学生和商民1万多人扛着锄头、鸟铳、长矛赶来参会。各地农民协会还把土豪劣绅绑到会场，给他们戴上各式各样的高帽子，帽子上写着土豪劣绅的名字，进行游斗。贺鼎元、靳吉祥、李文宣、胡孟平分别在大会上讲话，义正词严地揭露了蒋介石反共祸国、反共背孙的"十大罪状"。会场上群情激愤，"打倒蒋介石""打倒土豪劣绅"的口号声此起彼伏。会后，群众高举协会旗帜，扛着梭镖、马刀，举行了声势浩大的示威游行。王洁华带领妇女群众踊跃参加示威游行，积极斗争土豪劣绅，还在会上愤怒声讨蒋介石叛变革命的罪行，激起群众振臂高呼"打倒蒋介石"的口号。

在"四一二"反革命政变后，蒋介石乘武汉国民政府主力第二期北伐郑州、武汉守备空虚之机，不断指使川、黔、桂、粤等地方军阀进攻湖北、湖南，同时秘密策反驻扎在两湖地区的武汉国民革命军军官发动叛乱，以里应外合推翻武汉国民政府。蒋介石委任四川军阀、国民革命军第二十军军长兼川鄂边防司令杨森为第五路前敌总指挥，担负偷袭武汉的任务，并派密使加紧策反夏斗寅。同时，蒋介石委任荆门劣绅程万里到荆门任荆钟宣抚使。程万里对荆门情况相当熟悉，将会对荆门革命斗争产生极为不利的影响。胡孟平得到张俊之提供的消息后，马上派靳吉祥等人将程万里擒获，交由武汉国民政府军法予以镇压。

1927 年 2 月，夏斗寅所部移防宜昌、沙市，改番号为独立第十四师，共 4 个团 1 个营，13000 多人马。4 月底，何键受蒋介石秘密指使，在汉口召集夏斗寅、叶琪、李品仙等反动军官密谋反共"清党"之计。夏斗寅极力主张发动军事政变，表示愿当反共的先锋。夏斗寅所部驻防宜昌的主要任务是防止川军袭击，维护地方社会治安，但夏表面上应承，背后却与杨森秘密勾结，阴谋叛乱。

5 月初，蒋介石派遣密使与夏斗寅和杨森的代表在宜昌密谋，拟订了杨攻夏退、伪装东进之计，由长江、汉水分两路袭击武汉的方案。

5 月 4 日，杨森部四五万人由川鄂边境的万县出发，大举进攻鄂西，同时发出反共、"讨伐"武汉通电。5 日，杨森部先遣队范绍增师进占秭归县城、宜昌三斗坪。7 日深夜，范绍增师抵达宜昌城郊，夏斗寅按计划佯称"缩短防线，奉令移驻沙市"，乘船离开宜昌东下，拱手让出宜昌城。到沙市后，夏斗寅继续捏造战报，连电告捷，谎称在荆沙击退了杨部进攻。5 月 8 日，范绍增不费一枪一弹占领宜昌。同时，夏斗寅在宜昌佯装成立"十四师特别党部"，声称"不准杨森侵犯宜昌"，借以欺骗民众，掩盖其背叛革命的真面目。

5 月 13 日，夏斗寅撕下伪装，露出反对武汉国民政府的真面目，领衔向全国发出反共"元电"，极力诽谤共产党人和国民党左派，联蒋反共，声言推翻武汉国民政府，叫嚣"反共产，救中国"，以武力"清党"，重建新政，公开倒向蒋介石阵营。同时，杨森乘船东下，于 14 日到达宜昌，并分水陆两路沿江东进。15 日，夏斗寅率部经石首、监利，在嘉鱼登陆，沿武长（武汉—长沙）铁路北上，经蒲圻、咸宁，杀气腾腾地奔往武汉，于 17 日抵达距武昌仅 40 里的纸坊镇、土地堂。因夏斗寅在前面开路，杨森部未遇到任何抵抗，顺利占领了荆州、沙市、岳口，前锋直达沔阳的仙桃镇。21 日，杨森部抵达仙桃，并进占监利、朱河、新堤等地，威胁汉阳，与夏斗寅相配合，形成了对武汉的夹击之势。

在武汉危在旦夕之际，中共中央政治局召开紧急会议，根据蔡和森、李立三的提议，决定由国民革命军第十一军第二十四师师长兼武昌卫戍司令叶挺担任总指挥，率第二十四师七十二团和第二十五师七十五团及中央独立师（由中央军事政治学校和中央农民运动讲习所学员组成）担任主力，开赴前线，反击叛军。

5 月 17 日，叶挺命令第七十二团火速开往纸坊镇，阻击敌军。第七十二团团长许继慎指挥部队发起猛攻，夺回了纸坊车站和纸坊镇。18日，敌军反扑，战斗十分激烈。19日，叶挺率第七十五团、中央独立师第一团赶到纸坊。经数小时激战，大败敌军，夺回土地堂车站。革命军乘胜追击叛军，于20日收复贺胜桥，21日抵达咸宁。夏斗寅残部向通城方向仓皇逃窜，后投靠蒋介石，被编为新编第十军。

5月25日，武汉国民政府抽调国民革命军第二军、第六军、第八军各一部组成西征军，由程潜任总指挥，讨伐直逼汉阳的杨森叛军。6月上旬，西征军兵分三路西进，从6月5日起与叛军在襄河两岸展开激战，9日攻克岳口，10日取得仙桃大捷，并收复潜江，14日夺取沙洋，15日占领荆州、沙市，西征取得决定性胜利。22日，第六军收复当阳。24日，第二军收复并驻守宜昌。在共产党人组织领导的强力反击下，夏斗寅勾结杨森发动的叛乱被平息，蒋介石从西部袭取武汉的企图失败了。

6月初，夏斗寅派熊姓营长带一个营的兵力直扑荆门，疯狂镇压革命斗争，强行解散了国民党县党部、县政府、县农协会、县总工会、县妇协会等革命团体，通令革命人士登记自首，到处搜捕共产党员和工会、农协会、妇协会会员，公开抢劫财物，侮辱奸淫妇女，反动气焰嚣张。叛军还与土豪劣绅沆瀣一气，释放了被县监狱关押的大土豪张玉亭、罗祥林等人，让他们挥舞屠刀反攻倒算，重新欺压人民，作威作福。随后，成立县清乡委员会、保安团、编练队等反动组织和武装，向革命群众疯狂反扑，捕杀共产党人和革命群众，荆门笼罩在一片腥风血雨之中。据不完全统计，荆门各地被杀的共产党员、革命骨干和群众多达5000人，党组织、革命群众组织全部遭到破坏，革命陷入了低潮。

5月至7月，在蒋介石制造的"白色恐怖"下，荆门地区党组织、革命骨干没有屈服，没有灰心丧气，仍然满怀革命信念，前赴后继，英勇坚持斗争，直到献出宝贵的生命。根据湖北省委"关于迅速分散隐蔽，埋好枪支，转入地下，约好接头地点，待时局稍平静后，再派人与省委联系"的指示，荆门县委立即召开紧急会议，研究应急对策。随后，荆门党组织、群众团体负责人和革命骨干被迫转移到武汉隐蔽，或者到国民党军队参军蛰伏，或者利用各种关系打入国民党反动势力控制的地方军政机构，还有一部分人被迫就地转入地下，辗转躲避。胡孟平、贺鼎元、李文宣、靳吉祥、李明扬等县委领导人被迫转移武汉，李纯斋、李云程等没有转移的负责同志就地分散隐蔽。陈士榘遭到敌人的通缉，躲避到武昌参加了武昌国民政府警卫团，后来随部队参加了湘赣边界的秋收起义。同时，荆门党组织、党员根据省委指示，将工作重点转入农村，在农村发动群众，继续坚持斗争。轰轰烈烈的大革命遭到失败，陷入低潮。

7月15日，汪精卫召开武汉国民党中央常务委员会第二十次扩大会议，决定"分共"。这次会议标志着汪精卫彻底撕下"左"的面纱，彻底背叛了"联俄、联共、扶助农工"三大政策，步蒋介石后尘彻底叛变了革命，以国共合作为基础的大革命至此宣告失败。8月19日，武汉国民政府发表宣言，国民政府迁都南京。9月16日，国民党中央特别委员会成立，宁、汉、沪三方合流。17日，国民党中央特别委员会决定改组国民政府和军事委员会。9月20日，国民政府和军事委员会新任成员宣誓就职，宁、汉两个政权合而为一。

由此，湖北政局急转直下。7月20日，国民党湖北省政府改组，随后成立湖北特别委员会。国民党中央决定停止国民党湖北省党部在全省的一切党务活动，停止群众团体的一切活动，组成以孙科、孔庚、罗贡华等为委员的湖北省党部改组委员会，改组省党部和全省国民党组织。9月2日，国民党第十九军军长胡宗铎就任武汉卫戍司令，宣布改组各人民团体并停止其活动，又将工会、农民协会、商民协会、妇女协会、学生联合会等一律暂行解散。随后，党组织和工会、农民协会等群众组织遭到严重封闭破坏，不得不停止活动，国共合作统一战线彻底崩溃，大革命遭受巨大挫折。

胡宗铎任湖北清乡督办，副军长陶钧升任军长，并兼任湖北清乡会办。胡宗铎宣称："宁可错杀三万市民，不留一个CP（共产党）。"陶钧以杀为治，有"陶屠夫"之称。胡宗铎、陶钧统治湖北不过一年半时间，却是湖北历史上最黑暗、最恐怖的岁月，牺牲的党员和革命群众在10万人以上。在极其严酷险恶的环境下，党组织大多被打散，极少数幸存的被迫转入地下、停止活动。党的队伍中有一些人在政治上、思想上陷入混乱状态，党内普遍存在严重的消极情绪。一些意志不坚定者悲观动摇，与党组织分道扬镳，登报声明脱离共产党、共青团。有的甚至公开向敌人忏悔，攻击共产主义和共产党，出卖党的组织和同志，变节为可耻的叛徒。

蒋、汪合流后，荆门县成立"清乡委员会"，组建"清乡队""保卫团""保安队""常练队"等地主武装，疯狂向共产党员、革命群众反扑，大肆抓捕农民协会骨干及区乡党部负责人，释放了全部被关押的土豪劣绅，致使许多中共党员和革命志士被通缉、迫害和屠杀。荆门笼罩在一片血腥与恐怖之中，轰轰烈烈的大革命失败了。

与此同时，荆门党组织根据省委的指示，将工作重点转入农村，在农村发动群众，继续坚持斗争。受省委委派，刘继汉、严子汉等人先后从外地回到襄西，秘密发动贫苦农民，恢复农民协会。在"白色恐怖"面前，李云程、李文宣、靳吉祥、李纯斋等以教书为掩护，在城南杨家集、蒋家集、官家凹一带秘密发展农民协会组织。王德章、陈春才、刘志达在城南王家草场、陈家场一带巩固了原有农会，还组建了一些新的农民协会。李廷璧、张俊之、宁继武隐蔽在沈家集邓家院一带进行革命活动，发展新党员，建立新党支部。他们积蓄力量，积极迎接新的革命斗争高潮的到来。

（李柏武）

荆门革命先驱——胡孟平

　　胡孟平（1900—1928），又名鉴平、定衡，字鉴藻，东宝区石桥驿镇人。其父胡近镛系晚清秀才，曾任荆门城关高等小学校长、湖北省立第十四中学（龙泉中学）教师，因为人正直，师资、师德较高，又酷爱藏书，

胡孟平　　　　　　　中共荆门县第一次代表会议会址（龙泉中学）

对胡孟平儿时乃至青年时代影响很大。胡孟平于 1916 年考入湖北省立第十四中学，由于擅长诗文，被称为"荆门才子"。1920 年毕业，投考江苏河海工程学校，成绩优良，却因无政治背景落第，这对其打击很大，他深感社会腐败，遂立志同邪恶势力作斗争。后经友人相劝，才回家乡小学任教。

1922 年，胡孟平考入武昌高等师范学校（以下简称武高）英文系，在武昌目睹日、英、美等外国列强在中国横行霸道、军阀混战不堪、贪官污吏多如牛毛，心中慨然不平，遂与中共一大代表、武高社会学教师李汉俊频频接触，听李汉俊讲解革命道理。不久，又在武高湖北同乡会结识董必武、陈潭秋等人，更深刻地受到马列主义影响，逐步树立起改造世界观、改造旧世界的雄心壮志。同年 11 月，胡孟平光荣地加入了中国共产党。

1922 年末，胡孟平受董必武派遣，带着《共产党宣言》和进步刊物《向导》，回到荆门城关及老家石桥驿等地，秘密从事革命活动。他在湖北省立第十四中学学生中宣讲革命道理；邀幼年好友孙凤洲、杨序东等到石桥驿镇洞崖子阅读《共产党宣言》，讨论革命发展形势；邀亲友苏秀桂、苏秀锦、杨序贤、张蕴美、赖美良等在石桥驿关帝庙秘密聚会，宣讲和学习《共产党宣言》，商讨开展革命活动。他在荆门这块土地上播下了革命的种子。

1923 年暑假，胡孟平从武高回到石桥驿，在从事革命宣传的同时，发展孙凤洲、杨序东等人入党，建立中共石桥驿党小组（孙凤洲任组长），使荆门县从此有了党的组织。他还与省学联联系，在省学联的支持、帮助下建立荆门县学生联合会，并使其成为党领导革命斗争的外围组织。同年寒假期间，他还受中共武汉区委派遣，到襄阳、光化、谷城三县从事党的宣传工作，发动农民运动，为之后成立农民协会做准备。

石桥驿关帝庙旧址

1924年农历春节过后，胡孟平专程赴襄阳，接萧楚女到荆门，与荆门县学联负责人、进步学生及荆门城北部分农民积极分子交谈，深入宣传革命道理，为革命造势。同年，他赴襄阳省立第十中学以教英语为掩护，与萧楚女及该校校监、共产党员谢远定等一起秘密从事革命活动，并在《江声月刊》发表《落拓》《除夕的呜咽》等宣传革命思想的文章，揭露旧社会的黑暗，昭示革命的光明前景，激发民众的革命意识。

1925年暑假期间，胡孟平到省立第十四中学宣传革命思想，后应校长方希平请求，推荐武高哲史系学生、共产党员张汝洛到该校任教。张汝洛经中共湖北省委批准，和武高英文系学生顾仁铸一同到该校，以教书作掩护，秘密从事革命活动，发展进步学生杜永瘦、邱林、张俊之等人入党，成立中共湖北省立第十四中学小组，翌年 4 月又将党小组扩大为中共荆门县直属支部。

1925 年，胡孟平、张汝洛以荆门县学联名义，发动、领导了荆门县城声援五卅惨案活动。当时，组织 1000 多学生上街游行、演讲，反对列强欺压，限制洋行活动，焚烧日货、英货。同年冬，敌人怀疑省立第十四中学内有共产党的组织，便由荆门城防司令部出动城防军包围该校，要学校交出"赤化分子"，胡孟平见情况紧急，立即安排杜永瘦、邱林、张俊之及进步学生 10 多人秘密赴武汉后，报请中共武汉地委批准，到黄埔军校深造。他自己则征得董必武同意，回武高继续读书。

1925 年前后，国共第一次合作，革命统一战线形成。1925 年 7 月，在董必武等人的领导下，正式成立国民党湖北省党部执行委员会。1926 年，国民革命军誓师北伐，推动了全国工农革命运动的迅速发展。1926 年夏，胡孟平在武高毕业时，北伐军已进入湖北，并于同年 9 月攻克荆门，10 月攻克武汉，迅速占领了大半个中国。胡孟平振奋不已，请求党组织批准回荆门开展革命斗争，并于同年回到荆门，力排国民党右派的干扰、破坏，正式成立了国民党荆门县党部，胡孟平则以"交叉"加入国民党的形式担任县党部常委、组织部部长。其间，因有"组织部部长"头衔，便于开展工作，他迅速在全县发展起中共党员 80 多人，且于 1926 年 12 月成立了中共荆门县部委员会，他亦被中共湖北区委任命为县部委书记。为广泛唤起民众革命，他安排下辖 8 个党支部发动群众，公开成立县工会、农会、妇联等革命群众组织，使革命形势迅速发展，群众革命运动一时间形成高潮。

1927 年 1 月，胡孟平参加董必武主持召开的国民党湖北省第四次代表大会，被选为省党部执行委员会委员。也正是在这次大会上，讨论并决定在武昌筹建湘鄂赣农民运动讲习所，即后来的中央农民运动讲习所。

1927年2月，胡孟平任荆门、钟祥、天门、潜江四县监察委员，兼任荆门、钟祥、京山三县农协主席。为培养农民运动骨干，他从相关县选派了一批革命志士到武昌农讲所学习，其中荆门就有贺鼎元、李文宣、靳吉祥等人。同年3月，他参加湖北省第一次农民代表大会，聆听了毛泽东、刘少奇、恽代英、邓演达等无产阶级革命家的演讲，受到极大鼓舞，会议一结束他就赶回荆门，向县部委成员作了传达，同时决定培训农会干部，发展基层农会组织。4月，他在荆、钟交界地区主持召开荆、钟、京、潜、天五县农协联合代表大会，传达省会议精神，布置开展农运任务，组织与会代表300多人举行游行。到4月底，仅荆门的农协会员就已发展到32000多人。

1927年4月中旬，蒋介石发动反革命政变的消息传到荆门，胡孟平立即在荆门城关大校场，即现在的荆门市老莱子路一带组织召开万人大会，揭露和声讨蒋介石背孙反共、祸国殃民的"十大罪状"。5月17日，驻防宜昌的国民革命军独立第十四师师长夏斗寅公开投蒋，派出一个营的兵力到荆门疯狂镇压革命，强迫解散荆门县工、农、妇等群众革命组织，中共在荆门的各级组织及党员被迫转入地下开展活动。胡孟平则奉命赴武汉，在董必武主办的湖北省党务干部学校任秘书长兼学校党支部书记。7月，汪精卫也叛变革命，大肆抓捕共产党人，迫使中共湖北省委也转入地下。

1927年8月，中国共产党在大革命遭受严重损害的危急关头，于武汉召开了具有重大历史意义的"八七"会议，确定了实行土地革命和武装反抗国民党反动派的总方针。中共湖北省委根据"八七"会议精神，决定举行秋收暴动。胡孟平深刻认识到，只有把斗争重点转移到广大农村，选择土地革命，走武装夺取政权的道路，才是唯一正确的道路。10月，他便主动请缨，回荆门开展党的工作。在得到党组织同意后，他便连夜赶回荆门，与原县委成员李廷璧取得联系，在现沙洋县沈集街组织300多民众抵抗县警察局"围剿"，为荆门地区农民武装暴动开创了新局面。

1928年4月，中共湖北省委调胡孟平到天门县开展工作。由于叛徒告密，胡孟平被捕，并被押送至国民党武汉卫戍司令部，因敌严刑审讯，被打得体无完肤，但他依然坚贞不屈、大义凛然，最终被国民党武汉卫戍司令部残酷杀害于汉口六渡桥，时年28岁。

1992年，石桥驿镇人民政府在镇东207国道旁为胡孟平等革命烈士修建了烈士陵园，并将其作为革命传统教育基地。2005年，东宝区人民政府将位于石桥驿中学内的"胡孟平烈士纪念碑"公布为区级重点文物。

注：本文根据《东宝文史》《东宝历史文化名人》中关于胡孟平的相关史料和孙昌炎的《胡孟平》一文综合整理。

（郑文榜）

中共荆门第一个党小组

1921年7月，中国共产党第一次全国代表大会在上海召开，中国共产党宣告成立。在外地读书的一些荆门籍进步青年学生先后加入中国共产党，并相继被派回荆门传播马列主义，创建党的组织。在中国共产党成立不久，党就在荆门这块土地上播下了革命的火种，胡孟平领导创建了荆门第一个党小组——中共石桥驿小组。

胡孟平系荆门城北石桥驿人。1916年考入龙泉中学，擅长诗文和英语，有"荆门才子"之称。1922年，胡孟平考入武昌高等师范学校（武汉大学的前身）英文系。在校期间，他成绩优异、思想进步，认识了董必武、陈潭秋（两人都是中共一大代表），在他们的教诲下，胡孟平光荣加入了中国共产党。1922年寒假期间，胡孟平受董必武的指示和中共武汉区执委的派遣，回到家乡荆门石桥驿秘密宣传革命思想。他邀约幼时好友孙凤洲、杨序东等人，聚在山林中一起阅读《共产党宣言》《独秀文存》

等革命书籍，启发他们的革命觉悟。此外，他还常到母校龙泉中学向进步学生宣传革命思想。

1923 年，胡孟平通过前期的宣传和发动，发展好友孙凤洲、杨序东为中共党员。1923 年 9 月，胡孟平领导创建了中共石桥驿小组，隶属中共武汉区执委，孙凤洲任组长。中共石桥驿小组是荆门成立最早的党组织。其遗址纪念碑现建在石桥驿中学院内。

立在中共石桥驿小组旧址上的简介

中共石桥驿小组成立后，秘密开展了党组织发展工作，荆门各地先后成立了一些党小组和党支部。1924 年夏，因孙凤洲等被派到钟祥县从事革命活动，杨序东经胡孟平介绍到汉口中山日报社工作，中共石桥驿小组遂取消活动。随着各地党小组和党支部的逐步建立，成立县级党组织就成为形势发展之必然。1926 年 12 月，中国共产党荆门县代表会议在城关高小门楼内（现龙泉中学校内）召开。会议决定当时和今后一段时间的中心任务是扩大党的组织，积极领导工农运动。会上成立了荆门的县级党组织机构——中共荆门县部委员会，胡孟平任书记。此后，荆门党组织迅速发展壮大。到1927年5月，仅半年时间，荆门各地就先后成立了40多个党支部，党员发展到300多人。

（罗成泉）

大瓦屋：中共三个县（工）委驻地

位于东宝区栗溪镇大泉村 4 组。该旧址为一清代民居，由三座独立门户连接而成，而每户又都建有五正五厅，设有天井、回廊和左、右二层阁楼，皆为四合院式布局（俗称大瓦屋）。前厅和两侧厢房墙体为青砖砌筑，正房为土质墙体，均为硬山灰布瓦盖顶，合计占地 12.5 亩。1931 年，贺龙率领红军一个分队转战栗溪。1942 年，中共荆（门）当（阳）远（安）中心县委自远安迁来，先驻大泉村 6 组的谭修凤家，后搬至此屋办公；1946 年，中共荆（门）南（漳）宜（城）工委组建，其办公地首设此屋；1948 年，荆（门）钟（祥）京（山）中心县委设此处，指挥当时的革命斗争；1945 年冬至 1947 年，中南独立旅十三团、十五团，不仅在此组建、驻扎，而且以保卫县委机关为己任，与敌作战数十次。

（郑文榜）

大瓦屋：中共荆当远中心县委、中共荆钟京中心县委、中共荆南宜工委驻地

百子堂：中共秘密联络站

　　百子堂原位于栗溪镇东白虎观山西北山脚，整体为三大开间，长约15米，宽约6米，分上下两层，青砖布瓦，是明代栗溪老街一杨姓秀才看到山区无学堂、当地学生无处读书而建起的一所小学堂，因第一学年刚好招收学生100名，故名"百子堂"。1958年修建栗溪至南桥公路时被毁。1985年9月，经中共栗溪镇委、镇人民政府请求，荆门市人民政府拨款30万元，移址栗溪镇大、小河交汇处，依百子堂原样重建。

　　1939年冬，因中共秘密联络站——张葆仁主持的南桥立达小学已引起敌伪怀疑，处于极度危险之中，遂经栗溪民主人士刘文轩（桑垭村人）牵线、资助，将其整体转移到栗溪百子堂（原址）。从此，百子堂即为中共一处新的秘密联络站。原中共湖北省委副秘书长刘真及张青华、黄柏青、柳元一（原北山游击支队副队长）、马云、周芳琳等都曾在此以教书为掩护，开展抗日宣传，传递中共地下情报，从事党的地下革命活动。这一时期，百子堂亦为中共培养了大批革命骨干，如原中共武汉水运学院党委书记章惠民、原中共武钢党委书记胡传汉、原湖北省宗教事务处处长叶云（曾任北山游击队队长）、原中共荆（门）当（阳）远（安）中心县委书记王展等。

重修的百子堂

1940 年前后，中共鄂西北军区的许多指令都是从这里传往荆门、钟祥、远安、南漳、宜城等地的。后随着形势发展，又成为中共鄂西北区委联络中共荆（门）当（阳）远（安）中心县委、荆（门）钟（祥）南（漳）宜（城）中心县委、荆（门）南（漳）宜（城）工委的枢纽。原国家纺织工业部部长陈少敏、原中共河北省委书记刘子厚、原荆（门）当（阳）远（安）中心县委书记曾志、原湖北省顾委主任陈明、原湖北省政协副主席胡恒山和谢威等亦曾在此从事革命活动。1990 年 4 月 5 日，陈明、胡恒山、谢威等老同志专程到栗溪，在参加原荆（门）南（漳）宜（城）工委书记廖学道烈士陵墓拜谒仪式后，齐聚新移址的百子堂，百感交集地缅怀当年的峥嵘岁月，畅叙同志间的革命情谊。谢威还欣然为百子堂题写了"百子堂亭"的堂额。

（郑文榜）

曾志急赴栗溪传情报

1939年夏，蒋介石给国民党第五战区发出密电，要求"搜捕异党"，中共荆（门）当（阳）远（安）中心县委书记曾志联合中共荆门县委书记郑速燕在国民党第三十三集团军参谋长张克侠资助下创办的军民合作饭店（实为中共秘密联络站，位于荆门城区民主街）被迫停办。曾志为将这一突发情况火速告知中共百子堂联络站，遂于军民合作饭店关停之日翻山越岭，步行赶到百里之外的栗溪。到达后，召集百子堂联络站的刘真、张青华、周芳琳等人密议对策，决定将中共鄂西北区委—荆门军民合作饭店—栗溪百子堂联络站这条交通线改为中共鄂西北区委—中共当阳县委—栗溪百子堂联络站，并由百子堂联络站向荆门城北及钟祥、宜城、南漳等地的中共地下党组织传递中共鄂西北区委、鄂西北军区的各项指令。

这一决定不仅避免了荆门、南漳、宜城、远安、钟祥等县的中共地下组织遭受更大破坏，也使中共百子堂联络站肩负起更大责任。中共百子堂联络站从此行事更为谨慎，每次都出色地完成了中共鄂西北区委的各项指令及情报传递任务，直到中华人民共和国成立。

（郑文榜）

刘文轩资助转移中共地下联络站

　　刘文轩，远安县永清乡桑垭（今东宝区栗溪镇桑垭村）人，系民主进步人士。其父母勤劳善良，家境较为殷实。刘文轩在省立第十四中学（现龙泉中学）读书时，与同样具有进步思想的张葆仁（子陵铺镇人）是同学且走得很近。1939年冬，刘文轩得知张葆仁（此时已是中共地下党员）在现子陵铺镇南桥创办的立达小学是中共秘密联络站，已引起国民党地方反动势力的怀疑，处于极度危险之中，遂从桑垭步行到南桥，找到张葆仁，提出"栗溪在山区，反动势力薄弱，便于隐蔽开展工作，可将立达小学转移到栗溪"的建议，得到了张葆仁的认可，于是刘文轩又步行返回栗溪，征得百子堂（当时位于栗溪镇白虎观山西北山脚，是一所地方小学）杨先生的同意，遂出资将南桥立达小学转入栗溪百子堂。

（郑文榜）

　　1938 年，中共荆当远中心县委在南桥立达小学发展党组织，成立地下联络站，由张葆仁负责具体工作。图为立达小学旧址。

陈少敏主持组建中南独立旅第十五团

　　1946年9月，中共鄂西北区第四地委决定以是年8月成立的荆（门）当（阳）远（安）县委为基础，组建中共荆（门）当（阳）远（安）中心县委。是年10月，新四军党委根据中共中央关于"解放全中国"的战略要求，决定派出主要领导，分赴江汉平原各零星解放区，迅速扩充兵力，壮大革命队伍，为人民解放军大举南下做准备。其中，政委陈少敏被派到荆（门）当（阳）远（安）中心县委驻地〔亦为随后组建的荆（门）南（漳）宜（城）工委驻地，即现栗溪镇大泉村大瓦屋〕，主持组建中南独立旅第十五团。当时，栗溪、仙居、石桥驿等周边乡镇及邻近南漳、远安、宜城等县的热血青年纷纷赶往大瓦屋，踊跃报名参军，仅半月时间，便已登记入伍近千人。据栗溪镇大泉村离休干部戴传富生前回忆，他就是那时参军的。

　　中南独立旅第十五团因为初组，尚未形成战斗力，为防遭敌袭击，随即整体北上，不料在南漳县肖堰镇境内，偶遇国民党南漳县自卫大队，并与之激战。因陈少敏指挥得力，第十五团以仅牺牲5人的代价，毙敌80多人，并迫使国民党南漳县自卫大队撤出战斗，拖枪逃往南漳县城。

（郑文榜）

花子岭十七烈士墓

1946 年农历八月中旬，荆钟工委委员兼军事总队队长叶云（北山游击队首任队长、北山革命根据地创始人之一）率领北山一个游击分队，开赴永盛、栗溪一带，发动群众，集结革命力量，开辟新的基地，筹集粮款支援我鄂西北主力。是年农历八月十五（中秋节），叶部在花子岭休整时，派人到邻近的罗集为战士们买月饼，不料被敌人眼线发现并告密，使得驻象河方家口的国民党整编第六十六师一九九旅派 1 个营从三面包围叶部驻地。叶云在指挥战斗中身负重伤，仍率部奋战突围，但谢正雄、何成高、廖开全、赵正大、孔金山等 17 名战士壮烈牺牲。

巍巍青山埋忠骨，片片丹心照人寰。在新中国成立 74 周年之际，东宝区人民政府为缅怀先烈丰功伟绩，感恩幸福来之不易，特在烈士们的牺牲地重修烈士墓，建起烈士纪念碑，并以此地作为革命传统教育基地。

（郑文榜　左新思）

荆门县的苏区

一、苏区与苏维埃政权

苏区，即苏维埃区的简称，是土地革命时期（第二次国内革命战争时期）中国共产党领导建立的革命根据地。苏维埃为俄文"会议""代表会议"一词的译音，是俄国无产阶级在 1905 年至 1907 年革命和 1917 年二月革命时期创造的一种政治制度。十月革命胜利后，苏维埃成为苏联权力机关的名称。从 1927 年 11 月至 1937 年 8 月间，中国共产党及其武装开辟革命根据地过程中，成立了中央、省、县、区、乡各级红色政权，这些红色政权都采用了苏维埃的组织形式。1928 年 7 月，中国共产党第六次代表大会通过的《苏维埃政权组织问题决议案》，将共产党领导下的红色武装割据区域统称为"苏区"。

苏维埃运动始于 1927 年。1927 年 9 月，当阳县瓦仓暴动胜利后，建立了瓦仓区苏维埃政府，其范围包括荆门县的西部、西北部（今栗溪、马河、漳河）地区。瓦仓区苏维埃是全国最早的苏维埃政权之一。同年11月，全国最早的县级苏维埃政权在广东的海陆丰、湖南的茶阳诞生。南昌起义失败后，彭湃在广东的陆丰县、海丰县成立了县苏维埃政府。与此同时，毛泽东在湖南的茶陵县建立了县工农兵政府，荆门籍陈士榘任县政府常委、士兵代表。

1929年1月，毛泽东、朱德率红四军主力离开井冈山，并于4月建成以兴国、于都、宁都三县为中心的赣南苏区。同年7月，建成以龙岩、永定、上杭三县为中心的闽西苏区。第三次反"围剿"胜利后，赣南、闽西两块苏区连成一片，统称中央苏区。中央苏区于1933年达到鼎盛时期，赣南、闽西普遍建立了县、区、乡级苏维埃政权。

1931年11月7日至20日，在全国苏维埃政权普遍建立的基础上，中华苏维埃第一次全国代表大会在江西瑞金召开。会议宣告成立中华苏维埃共和国，通过了《中华苏维埃共和国宪法大纲》等一系列决议和法规，产生了中央工农民主政府，建立了中央苏维埃政权。会议还选举毛泽东为中华苏维埃共和国中央执行委员会主席，并在中央执行委员会之下设立人民委员会，作为中华苏维埃共和国中央行政机关。苏维埃是我国现行人民代表大会制度和人民政权的雏形。

在苏维埃运动初期，各革命根据地根据本地实际建立了不同名称的行政机构（工农革命政府、工农兵政府、工农兵苏维埃政府、革命委员会等）。中华苏维埃共和国成立后，逐步统一了各地机构设置和名称，确立了中央、省、县、区、乡苏维埃组织体系。

当时，全国已有231个县建立了县以上的苏维埃政权。全国主要苏区有中央苏区、鄂豫皖苏区、湘鄂西苏区、湘鄂赣苏区、陕甘苏区及湘鄂川黔、鄂豫陕等 13 个，覆盖江西、福建、广东、安徽、湖南、湖北、四川、贵州、河南、陕西等省。1937 年 9 月 6 日，中共中央根据国共两党关于建立抗日民族统一战线的谈判协定，将中华苏维埃共和国中央政府西北办事处改名为陕甘宁边区政府。至此，苏区在历经 9 年又 10 个月之后，正式退出了历史舞台。

湘鄂西苏区是在大革命失败后，由贺龙、周逸群、段德昌、万涛等为代表的湘鄂西党组织领导广大军民通过武装斗争建立起来的革命根据地。它由大小不等的几块组成，包括洪湖、湘鄂边、荆当远（一说属于洪湖）、巴兴归、鄂西北、鄂北等。其中，洪湖根据地包括当时的监利、沔阳、江陵、石首、潜江、公安、天门、京山、汉川、汉阳、荆门、华容、南县和安乡等县全部、大部或一部分地区。习惯上，人们也以洪湖苏区指代整个湘鄂西根据地。荆门县境内先后建立了董场、荆南、荆当、荆当远、荆钟北山、仙居、城北等多块苏区，都是湘鄂西（洪湖）及荆当远苏区的重要组成部分。

二、瓦仓苏区

荆门县域内的苏区最早出现在今东宝区境内，属瓦仓苏区的一部分，是于 1927 年 9 月瓦仓暴动胜利后建立起来的。瓦仓区时属当阳县，今属远安县。瓦仓苏区的范围包括荆门、当阳、远安、南漳、钟祥五县的交界地区，荆门（东宝）境内包括今栗溪、马河、漳河等地局部地区。

1927 年 8 月 7 日，中共中央在汉口召开紧急会议，即著名的八七会议。会议讨论了党的工作任务，确立了实行土地革命和武装反抗国民党反动派的总方针，并把发动农民举行秋收起义作为当时党的主要任务，决定在群众基础较好的湘、鄂、赣、粤四省发动组织农民举行秋收武装暴动。

8 月中旬，中共湖北省委派尉士筠到荆门接替胡孟平，担任县委书记，负责贯彻落实八七会议精神及恢复地方党组织与发动秋收暴动工作。

8 月下旬，中共中央批准了"湖北省秋收暴动计划"。省委军事科主任、省军委秘书杜永瘦参与了计划的制订。按照这个计划，荆门县划属鄂中暴动区。8 月 29 日，中共中央又作出《两湖暴动计划决议案》，进一步指导和规定湖南、湖北两省的秋收暴动，建议暴动武装在乡村称作农民革命军，在城市称作工人革命军，合称工农革命军，并将暴动时间统一定于 9 月 10 日。中央还要求在暴动成功后立即成立临时革命政府。

8 月下旬，中共湖北省委根据中央《两湖暴动计划决议案》精神，决定将鄂中的江陵、公安、石首、荆门 4 个县与鄂西的当阳、松滋、枝江 3 个县单独划出，合为一个江陵特别区，设立江陵特委，并指派刘植武（江陵县委书记）先行负责该区的工作。刘植武在公安南平召开各县、区负责人会议，传达贯彻八七会议精神和省委指示，研究江陵区的秋收暴动方案，并作了《当前形势和任务》的报告。会议要求各县要大力发展农民武装，大力发展党的组织，大搞秋收暴动，建立革命根据地。

8 月底，省委派张计储（原汉口码头总工会委员长）为江陵特委委员，负责江陵区的全面工作。

根据中央和省委指示，中共鄂西特委派出一批干部到荆门、当阳、江陵、公安、石首、宜昌等县传达八七会议精神和中央、省委有关武装暴动的决定，秘密进行宣传组织发动工作。尉士筠化名张宗礼，秘密潜回荆门，在荆南五里铺召开县委扩大会议。随后，县委派出骨干在县内各地农村进行调查摸底工作，努力联系幸存隐蔽下来的党员，恢复整顿党的组织，发展农民协会，壮大革命力量。

9月初，中共湖北省委再次调整暴动区域，将江陵区并至鄂西区，以江陵特委为鄂西特委。省委常委兼农委主任任旭到沙市，落实秋收暴动计划，召开会议决定健全党的领导机构，成立中共鄂西特别委员会（简称鄂西特委），张计储、张善孚、曹壮父为特委委员，由张计储任书记，特委机关驻沙市。同时，组建统一的秋收暴动领导机构——鄂西革命委员会，由张计储、张善孚、曹壮父、李炼青、李圣文、李超然等人组成，直接领导武装暴动，曹壮父任革命军总司令，李超然任总指挥。会议决定，9月11日，公安、当阳两县举行暴动，12日，全区举行暴动，夺取江陵、宜昌、沙市。为了推动鄂西秋收暴动，湖北省委派杜永瘦等特派员到鄂西区的荆门、当阳、远安、南漳、宜昌、宜都、枝江、江陵等县巡回进行指导。

9月上旬，张计储主持的鄂西特委制定了《鄂西区暴动计划》18条方案，决定将全区22个县以长江为界划分为南北两片，其中江南以公安县为中心，江北以当阳县为中心，分别于9月中旬发动暴动。荆门县属于以当阳县为中心的江北区。不久，任旭与鄂西特委负责人研究决定，将当阳、江陵、远安暴动时间确定为"九月十二、十三日"。同时，湖北省委确认："全省暴动的重要区域：鄂西区当阳、远安。"

9月7日，鄂西特委成立当阳县瓦仓暴动指挥部，由当阳县委书记李超然任总指挥，汪效禹任副总指挥兼行动组组长，洪勋任行动组政治指导员，傅恒之任行动组副组长。为了协调暴动行动，当阳县委还派交通员与荆门、远安、南漳、江陵、宜昌等县的党组织取得了联系，协调行动。

随后，暴动指挥部开始整顿参与暴动的基本区武装——瓦仓区农民自卫团，并将其命名为鄂西工农革命军第一团，任命汪效禹为自卫团团长，傅丹湘、李勋臣为副团长，洪勋为政治指导员，傅恒之为参谋长，下辖3个营，汪文化任第一营营长，黄冠柏任第二营营长，李时新任第三营营长。

9月14日晚，瓦仓暴动爆发，打响了鄂西地区秋收暴动第一枪，开始武装反抗国民党反动派。李超然、汪效禹率领瓦仓区农民自卫团和农民协会会员2000多人打掉了区团防局，分头拘捕了反动官吏、土豪劣绅80多人，并处死了其中罪大恶极者30多人。

15日，李超然、汪效禹组织召开群众大会，宣布成立瓦仓区工农革命政府，推选傅殿云为工农革命政府主席。鄂西第一个工农革命政权在当阳瓦仓区诞生。

暴动前夕，杜永瘦与赵龙（国民革命军第二军某部军代表）一同前往倾向革命的国民革命军驻当阳县城的秦汉三部做工作。秦汉三拨出30支步枪、两箱子弹给起义军使用，并承诺所部保持中立，这在一定程度上保证了暴动的成功。

受瓦仓暴动胜利的影响，9月15日，当阳县观音寺区5个乡农民在傅子和的带领下举行暴动，惩办区团防头子，捉拿土豪劣绅，成立了观音寺区五乡联合办事处，由傅荣岩任主任。

随后，邻近的远安南乡、方家口和南漳、钟祥、荆门等边界地区农民自卫团迅速配合行动，纷纷进行武装暴动。在不到 10 天的时间里，在荆门、当阳、南漳、远安交界地区的农村形成了一块以瓦仓为中心、面积 1500 平方千米、人口 12 万的工农武装割据区域。其范围包括当阳县的瓦仓、观音寺、九子山全部和清溪、城关、东巩的部分，远安县的南乡，南漳县的南部和荆门县的栗溪、马河、大烟墩集（今漳河镇）的部分地区。10 月初，瓦仓区工农革命政府改称为瓦仓区苏维埃政府。

10 月下旬起，瓦仓区农民自卫团遭到当阳、南漳、远安、荆门等县反动地主武装（包括荆门邬炳南的"建国军"）的联合封锁围攻，作战失利，主力溃散，汪效禹、洪勋等领导人牺牲。自卫团余部由汪文化、黄冠柏、傅丹湘等带领，突围到远安南乡，活动于荆、当、远边界地区。

11 月，汪文化、黄冠柏、傅丹湘等在南乡陆续集结了 100 多名从瓦仓突围出来的农民自卫团战士，重新命名为"工农革命军鄂西挺进大队"，汪文化任大队长，黄冠柏任副大队长。挺进大队乘瓦仓国民党反动势力撤退、力量减弱之机，返回老观窝，并派人与观音寺人民自卫团联系，重整旗鼓。不久，挺进大队以老观窝为中心积极开展活动，队伍很快又发展到 400 多人。

1928 年 4 月初，国民党正规军一个营在当阳县地方民团配合下大举进攻观音寺，观音寺苏区丧失。同月，远安县团防大队联合"大刀会"大举进攻南乡，南乡苏区也随之丧失。这时，活动在瓦仓区的鄂西挺进大队成为孤军，国民党驻军纠集地方民团倾力"清剿"瓦仓苏区。鄂西挺进大队避敌锋芒，转移至易守难攻的祠堂冈、黑头垴坚守。

5月16日，祠堂冈被国民党军及地主武装攻破，挺进大队数十人牺牲，余部突围转移到涂家寨。敌人尾随而至，继续合围攻打。17日，涂家寨又被攻破，挺进大队人员大量牺牲，余部被冲散。黄冠柏集合突围出来的一些干部战士转移到南漳东南、荆门西北仙居、栗溪的交界地区坚持游击斗争，后来又转移到当阳东部与荆门西部马河、大烟墩集、何家场交界地区活动。至此，瓦仓苏区全部丧失。

三、荆北与仙居苏区

荆北苏区是土地革命时期荆门县西北以仙居为中心，包括荆门、钟祥、南漳、宜城四县交界地区的革命根据地，是在仙居苏区的基础上发展起来的。荆北及仙居苏区是1931年8月在段德昌领导的红三军第九师的帮助下建立起来的。

1930年7月，红四、六军在公安会师，合编为红二军团，由贺龙任总指挥，周逸群任政委兼前委书记。会师后，红四军改为红二军，贺龙兼任红二军军长，朱勉之任政委，下辖第四师（师长王炳南，政委陈协平）和一个警卫团。旷继勋任红六军军长，柳克明任政委，下辖第十六师（师长王一鸣，政委王鹤）、十七师（师长段德昌，政委许光达）。全军团共1万多人，5000多支枪。

7月中旬，红二军团渡江北进，在江陵普济观召开了为期一周的军事会议，讨论部队的行动方针和开辟新苏区等问题。会议认为，由于蒋介石与冯玉祥、阎锡山正在进行军阀混战，湘鄂西地区大多数地方保安队、常练队的防备力量较差，对于革命斗争的发展极为有利，因此前委决定，利用这一有利时机，发展洪湖苏区的割据形势，使分散的根据地连成一片，以3个月为期，首先集中力量肃清反动民团武装，拔除苏区范围内的"白点"，会师潜江，以建立巩固的苏区中心区域；继而开辟荆门、当阳、远安以至南漳、谷城，与红九军所在地的襄北根据地连成一片，同时发展巴兴归，与湘鄂边连成一片，从而控制江汉地区，使红二军团有一个进可以攻、退可以守的战略后方。根据普济观会议的决定，红二军向荆门、钟祥、潜江、京山、天门出击，荆门及襄河沿岸成为红二军团的重要开辟方向。

7月中旬，红二军团按计划分两路向东北挺进，拔除了龙湾、熊口、周家矶、老新口等"白点"，占领了潜江县城，使洪湖地区的监利、沔阳、江陵、潜江等苏区连成一片。

1930年9月，邓中夏受中共中央派遣，从上海经白螺矶来到洪湖根据地，担任湘鄂西特委书记兼红二军团政委。9月20日，邓中夏主持召开红二军团前委会议，传达中央要求红二军团渡江南下，配合第一、三军团攻打长沙的指示。除邓中夏外，柳直荀、周小康、贺龙、周逸群、段德昌等都主张巩固洪湖根据地，发展襄北根据地，但邓中夏没有采纳这个主张。经过争论，会议最终接受了邓中夏渡长江南征、发展江南的意见。

10月18日，红二军团离开洪湖苏区，分三路渡江南下，开辟江南根据地。此后，红二军团连克澧县、南县等7座县城，歼敌6000多人。12月1日，红二军团再次围攻澧县县城，激战七昼夜未克，反遭国民党军优势兵力反扑，伤亡惨重，被迫转移至松滋杨林市、街河市一线休整。

其间,红二军团损失惨重,部队从3万多人骤降至1万多人,被迫由湘西北向湘鄂边游击区转移,南征计划至此完全失败。

1930年冬和1931年上半年,蒋介石在调动大批军队对中央苏区进行"围剿"的同时,纠集3万以上兵力,乘红二军团远离洪湖之际,对洪湖苏区发起第一次、第二次"围剿"。11月上旬,国民党军5个师及7个旅大举进攻洪湖苏区,先后占领监利、潜江、沔阳等中心区县城。11月7日,国民党川军郭勋一个团从沙市东进,攻占郝穴。这时,洪湖根据地兵力空虚、形势危急,湘鄂西特委多次去信,要求红二军团返回洪湖。

12月12日,红二军团前委在杨林市召开会议,讨论今后的行动。邓中夏否决了贺龙、段德昌等大多数人的意见,拒绝返回洪湖,决定以刘家场为中心建立根据地。14日,前委继续开会,决定让段德昌返回洪湖后方,并担任赤色警卫总队总队长。

正当前委在杨林市争论不休、徘徊不定时,国民党军完成了对红二、六军的包围。17日拂晓,李觉(11个团)、陈渠珍(3个团)率部向红军发起猛烈攻击,兵分数路突入红军阵地。18日,敌军直逼红二军团指挥机关。大敌当前,贺龙亲临前线指挥部队突围转移。20日,红二、六军在刘家场集结,向湘鄂边根据地转移。杨林市一战,红军又伤亡2000多人。

为了保卫苏区,湘鄂西特委将江北各县的赤色警卫大队合编为江左军,将江南各县的赤色警卫大队编为江右军。两军之上设湘鄂西赤色警卫总队,周逸群任总队长。敌人的"围剿"计划,第一步重点围攻江北根据地,第二步进攻石首,围攻湘鄂西特委和联县政府等重要机关。这时,段德昌率手枪队护送红二军团伤病员返回洪湖。不久，在杨林市战斗中失掉联系的红六军陈光明营、陈华山营、杨嘉瑞营及第四十八团和红二军第十二团的部分指战员陆续回到洪湖。湘鄂西特委将上述部队整编为新六军，由段德昌任军长，作为反"围剿"的基干力量。新六军下辖两个团一个特务营，全军共 1000 多人。

1931 年 1 月，国民党军集中兵力，开始对洪湖江北根据地中心区沔阳、监利、潜江等地进行大规模的第一次"围剿"。2 月，国民党军对江陵、潜江、监利等根据地中心区发起第二次"围剿"。3 月，国民党军大举"围剿"以石首为中心的江南根据地。在鄂西特委和周逸群的领导下，段德昌、段玉林指挥新六军（红九师），依靠苏区人民群众的鼎力支持，以弱胜强，挫败了敌人的两次"围剿"，并取得重大胜利。

1931 年 3 月，中共中央派夏曦到湘鄂西及红二军团工作，代理邓中夏的职务。

3 月下旬，红二军团前委召开扩大会议，研究部队行动方针。邓中夏虽然同意大多数同志关于援救洪湖的意见，但片面强调洪湖是湖沼之地，又有国民党重兵守候，反对"从井救人"，提出北渡长江，开辟荆当远根据地，从外线打破敌人的"围剿"。会议按照邓中夏的想法，制订了北渡长江的军事计划。同时，根据中央指示，将红二军团改编为红三军，贺龙任军长，邓中夏任政委，孙德清任参谋长，柳克明任政治部主任，下辖第七、八两个师，全军 1 万多人。

4 月初，红三军自五峰地区北上。4 日，攻占野三关、巴东。随后，连克兴山、秭归。4 月中旬，红三军离开巴兴归东进。

4 月 13 日，红三军兵分两路，红七师攻占远安县城，红八师攻克荆门县城。

14日，红七师、红八师准备合力攻打当阳县城，但红七师遭到驻鸦雀岭郭勋部3个团顽强阻击，宜昌、沙市驻军闻讯来援。红三军腹背受敌，被迫退至远安的洋坪、荆南远边界地区，后辗转撤往保康的马良坪地区休整。

5月11日，国民党军11个团分路合围马良坪。红军激战竟日不能取胜，再次损失2000多人，遂突围向鄂西北均县、房县转移。红三军开辟荆当远根据地的计划随之失败。

1931年3月27日，湘鄂西中央分局成立，夏曦任书记，统一领导全区党、政、军、民工作。同日，新六军在朱河附近进行整编，改称独立团，段德昌任团长。4月下旬，湘鄂西特委根据上级指示，以独立团为基础，将独立团在周老嘴扩编为红三军第九师，段德昌任师长，陈培荫任政委，全师2000多人。

此时，国民党军正"围剿"江南根据地，形势极为严峻，夏曦以中央分局的名义写信给邓中夏、贺龙，令其率红三军主力返回洪湖，参加保卫根据地。

6月16日，湘鄂西中央分局在瞿家湾召开各县县委书记参加的扩大会议，决定撤销湘鄂西特委，成立湘鄂西临时省委，由崔琪任书记（由组织部部长杨之华代理书记）。

7月，国民党集结24个团的兵力，向湘鄂西革命根据地发起第三次"围剿"。其中，荆州、荆门驻川军5个团，分布于沙市、郝穴、普济观、荆州、荆门、拾回桥、后港一带，严重威胁洪湖中心区。大敌当前，红三军主力红八、九师远在均县、房县一带作战，洪湖只有新组建的红九师第二十五、二十六团和湘鄂西临时省委警卫团及教导营。

8月2日，湘鄂西省革命军事委员会通过了《关于九师最近行动的决议》，对红九师的军事行动进行部署，并决定以第二十五团巩固后方，第二十六团向潜江、天门发展。第二十六团的主要任务，首先是打击新三旅徐德佐部，击破敌人"围剿"的口子；其次是发展潜江、天门游击战争，并使潜江、天门与监利、沔阳、汉川等苏区连成一片；最后是尽可能占领巩固天门，并保证部队随时可以回到洪湖。

3日，湘鄂西临时省委、省军委在周老嘴开会，考虑到红九师主力向北发展，可能与红三军第七、八师取得联系，便决定红九师出发后尽力与红三军取得联系，并派万涛接任红三军政委。

8月10日，段德昌率领红九师师部、第二十六团和教导营向潜江、天门挺进。13日，占领周家矶、黄家场。负责留守的第二十五团14日占领直路河、莲花寺，15日攻占杨家场。潜江县城守敌弃城逃往张截港和泽口，红军随即兵不血刃占领潜江县城。

8月17日，段德昌指挥红九师第二十六团和教导营进攻沙洋镇。时逢汉江发大水，守敌新三旅第二团及旅部特务营避居在河堤上。红军从潜江广华寺出发，拂晓抵达沙洋，向守敌发起进攻。经过反复冲杀，终克敌制胜。沙洋战斗全歼新三旅第二团和旅部特务营，击毙包括新三旅旅长徐德佐在内的大批军官，并缴获大量武器、弹药及其他各种物资。红九师用缴获的装备武装了第二十五团、第二十六团，还新建了第二十七团。沙洋战斗的胜利从北面打破了敌人的第三次"围剿"，并将洪湖苏区向北推进到了沙洋镇附近。其间，在红九师的帮助下，荆门县委在李家市建立荆门县苏维埃政府，崔炎章任主席。

红九师占领沙洋镇时，从缴获的新三旅旅部电报中，发现有国民党远安县县长的告急公函："红三军一部已入南漳，有进窥远安之势。"沙洋镇老百姓也说：有红军打下过荆门城关。于是，红九师留下第二十五团、第二十七团休整，指挥第二十六团、教导营北上向荆门县城方向出击。

8月21日，红九师攻克荆门县城。同时，红九师在荆门县城公开成立荆门县苏维埃政府，荆门城关地区苏维埃运动由此掀起高潮。

8月28日，红九师得知仙居党组织与南漳县委有联络渠道后，便在八角庙集合队伍，向仙居挺进。其时，王超然、廖光耀等人从仙居赶过来迎接并参加了红军。红九师在西进途中连克双河口、盐池二地团防，随后到达仙居，政治部驻仙居南街关帝庙。

9月初，王超然等领导仙居尖山寨和天星寨附近义军，在仙居南北40多里范围内举行武装暴动，打击土豪劣绅，没收他们的财物粮食，还查抄了大土豪罗祥林等人的家，迫使许多地主豪绅纷纷外逃躲避。仙居党支部、苏维埃政府努力发动群众，设卡放哨，筹集军粮、马料，赶做被服、军鞋，维护地方治安，警戒红军驻地，保障红军休整，人民群众的革命激情被广泛调动起来。

在仙居期间，红九师广泛发动群众，四处散发传单，张贴标语，搭台演讲，宣传土地革命和苏维埃政权。仙居党支部组织召开群众大会，公开建立了仙居乡苏维埃政府，由王超然任主席。红九师拨出20支枪，组建荆南（漳）游击支队，由红军干部官大训任支队长。在红军的支持下，仙居乡苏维埃政府建立了自卫队（队长黄明升）、农民协会、妇女协会、商民协会等群众组织。

由于有主力红军坐镇，王超然、陈念九、周伯山等共产党员四下串联，筹建各地乡、村苏维埃政权。他们每到一地，写标语，贴布告，造声势，挑选筹备人员，还挨村挨户鸣锣，召集群众开会，宣传苏维埃政策。很快，刘猴集乡苏维埃政府成立，曾协成任主席；王家庙乡苏维埃政府成立，王树山任主席；钱家老湾乡苏维埃政府成立，关昌林任主席。盐池等乡也相继建立了苏维埃政权。各苏维埃都建有农民自卫军、儿童团等组织。苏维埃运动盛极一时。

红九师在仙居等了一周，未得到红三军主力的任何音信。段德昌得知襄东的宜城、枣阳、钟祥一带有红军活动，便率主力渡过襄河，转至襄枣宜苏区活动。万涛带领教导营留驻仙居，继续支持荆北及仙居地区的革命斗争。

9月下旬，在红九师政治部的帮助下，荆门县城北区苏维埃政府在仙居宣告建立，王树山任主席，王超然任副主席，机关驻果树湾（今三泉村）。至此，以仙居为中心的荆北苏区正式形成。同时，红九师还支持成立了陈湾乡苏维埃政府，支援5支枪建立了20多人的乡农民自卫队。

在王超然、陈念九和仙居党支部的领导下，仙居周边的钟祥、宜城、南漳、远安等县的陈湾、方家岗、梅家冲、雷公嘴、上李家湾、下李家湾、袁家湾、许家沟、刘家湾等乡和伏龙寨、白仓、李家垱等村纷纷建立了苏维埃政权。

荆北苏区形成后，在荆钟南宜四县交界地区掀起了打土豪、分浮财的苏维埃运动。各苏维埃政府先后动员300多人参加了荆南游击支队和主力红军，还抓捕了一批土豪劣绅、放高利贷者、娶双妻者、包揽词讼者和变节投敌者，并将其中罪大恶极者处决，将没收的钱款归苏维埃政府统一掌握使用，将没收的衣被、粮食、牲畜、农具分给贫苦农民，将没收的手枪、步枪、土枪、罐子炮及弹药补充游击队。苏维埃政府还组建了赤卫队、自卫队。赤卫队、自卫队不仅设卡站岗放哨，严查奸细，还配合红军、游击支队到区外捉拿土豪劣绅，打掉了周边 10 多支反动地主、土匪武装，筹得一些武器和粮饷。

1931 年 9 月 28 日，红九师在荆门西北的刘猴集（今属宜城）与红三军主力会师。29 日，贺龙、段德昌、万涛率领红三军离开刘猴集，东渡襄河，经钟祥县城、京山永隆南下，于 10 月 8 日返回洪湖根据地，驻扎在潜江县城及张截港、泽口、竹根滩、黄家场、周家矶等地。

红三军奉命离开后，荆北地区革命斗争形势急转直下。国民党川军一个团、荆门县保安团在城北地主武装配合下卷土重来，大肆"进剿"仙居苏区。

10 月 8 日，国民党川军、荆门县保安团 400 多人攻打尖山寨，农民自卫队和寨上群众拼命抵抗，一直与敌鏖战至晚上，牺牲 30 多人。寨子被攻破后，敌人又进行血腥屠杀，还将抓走的农民骨干中的 10 多人杀害。9 日，敌人分南北两路围攻天星寨。王超然率领游击支队、农民自卫队顽强抵抗，坚持了 3 个多小时。由于寨内火药库被敌迫击炮击中起火爆炸，游击队员及群众 200 多人当场牺牲，阵地失守。敌人攻破寨子后，又屠杀了 100 多人，制造了天星寨惨案。浩劫之下，王介山等 11 人被捕，仅 3 名伤者被压在尸体堆里方幸免于难。10 日，城北地主罗祥林等组建"铲共团"，到处捉拿红军、苏维埃政府人员和游击队、自卫队战士，仅在仙居街上就杀害了 41 人。陈湾乡苏维埃政府干部和农民自卫队员 40 多人在磨盘山与敌激战数日，全部牺牲。至此，以仙居为中心的荆北苏区丧失。

尖山寨、天星寨陷落后，王超然带领游击支队和自卫队部分战士突出重围，转移到东巩的大堰塘一带活动。11月，王超然带领20多人枪突围到宜城的雷家河、泉水头一带活动。12月，王超然被捕（随后牺牲），游击队向远安突围时被打散，进入栗溪一带的深山老林躲避。次年2月，游击队与上级彻底失去联系，无法生存，被迫解散。

四、荆钟苏区

荆钟苏区，即土地革命时期的北山苏区。北山，荆北人俗称东山，因在荆门县城之北而得名，位于荆门、钟祥两县交界处，方圆100多里，是荆山余脉东南支的独立群山，林木茂密，地形复杂，东濒汉江，西临襄沙公路，北抵洢河，南达荆钟公路。

"八七"会议召开后，中共鄂西特委派李勋臣到北山，传达"八七"会议精神和湖北省委关于秋收暴动的指示，宣传发动群众，进行土地革命和武装暴动工作。

1927年10月，严斌受党组织派遣，回北山活动，在潘严坪发展了严子汉、鲁光武、柯毓才、丁连山、严继光等入党，建立了胡家集党支部。随后，又建立了尹家湾、牌楼岗、叶家闸等一批党支部。

11月，鄂北特委派张继襄、罗伯南到钟西恢复发展党组织，恢复建立了冷水铺、文大庙集、杨家墩、吉家台、干沟等党支部。12月，在此基础上建立钟祥西区特支，魏恒久任书记。

11月14日，在严子汉的领导下，张琢成、吴振东、江澄清等组织尹家湾、牌楼岗、黄家集农协会员200多人，攻打黄家集国民党钟祥县石渠区区长姚汝同家，将其抓获处决，并没收其家浮财，打响了北山暴动第一枪。随后，张琢成、冯廷阶率领农民武装又处决了石渠区的杨占鳌、古光达、吉良臣等一批保董、土豪劣绅。为此，国民党荆钟两县驻军、保安团及区乡团防武装联合，频频到北山"清乡"捕杀共产党员和群众积极分子，镇压革命斗争，北山党组织遭到破坏，被迫停止活动。

1927年底至1928年春，中共鄂西特委派李勋臣、尉士筠、邹梦华、刘继汉、李廷璧等先后到荆门、钟祥及荆钟北山巡视，恢复重建党的组织、农民协会，发动年关暴动。

1928年1月，荆门县委派吴觉民在城东黄家集主持成立了城北区委，陈复初任书记。

2月，在全县党组织恢复、建立的基础上，荆门县委在沈家集召开党员代表会议，李廷璧主持会议，鄂西特委特派员尉士筠列席会议。会议选举刘继汉为县委书记，李廷璧为秘书长。会议还重点讨论了全县组织年关暴动和开展武装斗争等问题。

3月，钟祥各特支、支部、党小组负责人在钟西魏恒若家召开会议，成立临时县委（1930年2月正式成立县委），魏恒若任书记，李廷璧任秘书长，隶属鄂西特委领导。随后，钟祥县委在西区特支委基础上组建西区区委，下辖文集、大庙集、杨家墩、吉家台、冷水铺、东干沟、西干沟、横堤、沈家畈、关帝庙10个党支部。其活动范围东达襄河，西至八里干沟，北抵浰河口，南到塘港。

4月的一天，国民党钟祥县保安团一个班从县城出发，到北山"清剿共产分子"。当保安团行至牌楼岗时，张琢成发现来敌人数不多，决定用计谋将其擒获。于是，张洁白扮餐馆老板，出面"热情"招呼众团丁到店内休息。敌班长见街头很平静，便留一人在店外站岗，带领其余10个人扬扬得意地跨入店内，刚刚坐定，正准备好好享受一顿，埋伏在店内的自卫队员趁其不备，将滚烫的热水泼向敌人，将11个团丁烫得哇哇大叫，于是老老实实地俯首就擒。除哨兵逃脱外，自卫队员俘敌11人，缴获了11支枪。

4月，城北区委也遭到敌人破坏。5月，荆门、钟祥各地年关暴动相继失败。同月，荆门县委派李廷璧、李文宣、吴觉民与鄂西特委特派员尉士筠取得联系，由尉士筠到北山主持召开荆钟边界地区党支部书记联席会议，成立了荆钟特区委，严子汉任书记。荆钟特区委统一领导荆钟边界地区党组织，隶属鄂西特委领导，下辖荆门城北、钟祥西区两个区委，其活动范围北到仙居、白云山，南达黄家集、皮家集，东接襄河，西至荆门城关。

在鄂西特委特派员尉士筠的指导、帮助下，荆门县委总结了前段时间对敌斗争的经验教训，分析了当时敌强我弱的形势，确定将斗争重点转移到荆门与钟祥交界处的北山、与潜江交界处的董场、与当阳交界处的荆南路西等边缘地区，发展党的组织，开辟游击区，实行武装割据，创建苏区。

1928年6月，荆门县委在沙洋恢复成立。8月，城北区委在尹家湾重新恢复，丁连山兼任书记，由荆钟特区委领导。城北区委下辖潘严坪、百家大庙、叶家闸、尹家湾、吴家大冲、牌楼岗等7个党支部和仙居直属党小组。北山统一党组织的建立，为建立北山苏区奠定了基础。

在党组织恢复建立的同时，荆钟两县交界地区的农民运动迅速发展起来。短短数月间，牌楼岗、黄家集、胡家集、尹家集、潘严坪、冷水铺、涂家集、文大庙集、百家大庙、叶家闸、石桥驿和仙居等地恢复建立了20多个农民协会。

8月6日，严子汉、张琢成、张洁白、刘宗沛等设计"引蛇出洞"，故意在胡家集公开露面，让在牌楼岗任团总的地下党员廖东周当即将这一情况"密报"给国民党冷水铺区区长毛宗汉，说严子汉等人正在胡家集的慌忙山下一个山洞里开会。毛宗汉信以为真，当即招来6名保董、大地主进行密谋。次日，在廖东周的引导下，毛宗汉带领枪丁40多人从牌楼岗出发，前往慌忙山捕杀。当他们行至胡家集时，已是晌午，天气异常闷热，廖东周有意安排毛宗汉一行到茶馆休息。稍后，街头突然响起一阵铜锣声，严子汉、张琢成、刘宗沛率领自卫队冲进茶馆，前后夹击，将毛宗汉等6人全部擒获，众团丁见势不妙，只得俯首投降。当天下午，严子汉、张琢成、刘宗沛在胡家集街头召开群众大会，公开宣布武装暴动，并当场宣布毛宗汉等6个匪首的罪状，将他们就地处决。

8月底，国民党钟祥县县长孙光辉派兵偷袭荆钟特区委驻地胡家集，严子汉等人被捕牺牲，荆钟特区委停止活动。

1928年秋，中共荆门县委派李廷璧、李文宣、吴觉民与鄂西特委特派员尉士筠取得联系，成立新的中共荆钟特区委员会，丁连山任书记（后张琢成继任）。下辖吴家大冲、百家大庙、叶家闸、牌楼岗、仙居（以上新中国成立后属荆门县）、胡家集、大棠梨树湾、邓白冲、严家湾、油匠岗、易巷（以上新中国成立后属钟祥县）11个党支部（仙居为直属党小组），共有党员60多人。荆钟特区委先后领导荆门县城北区委、钟祥县西区区委和干沟区委。

接着，中共荆钟特区委在尹家湾恢复了中共城北区委，丁连山兼任书记。与此同时，中共荆钟特区委在农协武装的基础上组建了小型游击队，吴振东、张成华为负责人。随着游击队的建立，东干沟区委在三尖山周围新建了 6 个党支部，新发展党员 40 多人。

1929 年夏，钟祥县委派郑家坤、曹家斌在八里干沟建立干沟区委，余正镐（又名余金山）任书记，属荆钟特区委领导。活动范围北至双河口，南至冷水铺，东至罗家岭。下辖东干沟、西干沟、沈家畈、张家观、三尖山、乔家坡、尤五庙、玉真观、翰林寺 9 个党支部。

1929 年 5 月，北山荆钟游击队正式成立，吴振东任队长，有 60 多人枪。同时，北山地区又建立了一些"暴动队"。同年夏，这些暴动队被编入钟祥县赤卫队（1929 年春由钟祥南区游击队改称）。

1929 年冬，鄂西特委书记周逸群在鄂西特委第二次代表大会期间，对荆钟两县工作向魏恒若、谢威指示，荆钟两县应把主要精力用于发动群众，暂不组织暴动，对革命对象要区别对待，争取多数，打开局面，造成一个小区域的武装割据。根据这一指示，荆钟两县县委决定，在荆钟北山、盐池、双河口等地暂时维持"灰色"局面；钟祥县赤卫队与北山地区的荆钟游击队、农民自卫队合编为荆钟游击大队，主要在钟南活动。同年底，荆钟游击大队抽调 100 多人到洪湖编入中国工农红军独立师第三纵队。1930 年春，重建钟祥县游击大队，罗汉任大队长。

1929 年下半年，根据当阳临时县委安排，黄冠柏带领 60 多名党员、积极分子打入土匪李凤山部，伺机拖出枪支。1930 年 4 月，拖枪计划被李凤山破坏，黄冠柏、李庆春、谢威等从李凤山部撤出，拖出了 11 支长枪、1支手枪，加入荆门县游击队、荆当游击第一大队。接着，李庆春、黄冠柏从荆门县游击队、荆当游击第一大队带来200多人，经马良到钟南，与新成立的钟祥县游击大队合编为荆钟游击大队。5月中旬，改称荆钟京游击纵队，李庆春任司令员，黄冠柏任副司令员，张继襄任政委，林鑫培任政治部主任，下辖3个大队。8月，又改称中国工农红军荆钟京天潜游击纵队。荆钟京天潜游击纵队在钟南失利后，余部500多人返回荆南、当东活动。8月下旬，红二军团攻打沙洋，荆钟京天潜游击纵队余部500多人和荆南杨家集农民1900多人奉命开赴沙洋，加入红二军团，被编入红六军第二十四团。

1930年8月底，在红二军团攻打沙洋、石牌胜利的影响下，张琢成秘密组织了苏维埃政府，并任主席。

1931年8月21日，红九师师长段德昌率部攻克荆门，部队分驻于荆东、荆北的革集、黄家集、牌楼岗、邓白冲、胡家集、吴家集、油匠岗、子陵铺、南桥、八角庙、王家集等地，司令部初驻何家嘴，后迁子陵铺杨焕然家（今幸福村），政治部驻胡家集。在一周时间里，红九师还帮助荆钟特区委组建了牌楼岗（主席任岐山）、胡家集（主席张定国）、吴家集（主席王银洲）等农民协会。

其间，为了巩固、扩大北山苏区，推动根据地各项建设，段德昌派师政治部科长刘宗沛带领红军和地方武装，主动打击反动分子，镇压了李燮林等一批地主、流氓、土匪，查封了地主胡三元的金库，打开粮仓，没收浮财。

红九师转移外地后，荆钟特区委以红军留下部分骨干与地方游击队合并组建荆钟游击大队，吴觉民任大队长，吴振东任副大队长。游击大队先后攻打周培元、尹光照两个团防，镇压了八角庙国民党团总石俊卿等一批民愤极大的"铲共"分子，队员从 30 多人逐渐发展到后来的 100 多人。

1932 年 3 月 3 日，吴觉民、张琢成等人率领 20 多名游击队员，手摇梁山旗，敲锣打鼓，装扮成群众到胡家集赶庙会。在庙会的掩护下，出其不意地袭击了吴家集国民党团总曹海汝（人称曹阎王）部，击溃了曹部武装，活捉了曹海汝，并将其当众处决。

1932 年 3 月，吴觉民、张成华等到浩子口参加党的代表会议，回北山后，建立了荆钟特区苏维埃政府，张琢成任主席，所辖范围北至双河口，南到皮家集，东至马口，西到杨家坪，下辖 1 个区和 6 个乡，即城北区苏维埃和革集（主席李伯发）、牌楼岗（主席任岐山）、皮家集（主席陈才兴）、黄家集（主席李春山）、胡家集（主席张定国）、吴家集（主席王银洲）乡苏维埃政权。北山还普遍建立了村苏维埃政权。因为处于与敌人犬牙交错的状态，北山各苏维埃没有固定的办公场所，负责人由上级指定，秘密开展工作。

1932 年 7 月，国民党川军某部与荆门县保安团一个大队对北山进行"清剿"，八角庙、百家大庙、牌楼岗、冷水铺等地地主武装也纠集起来对北山烧杀抢掠，反攻倒算，北山苏区丧失。荆钟游击队余部在张琢成、吴觉民、吴振东带领下顽强坚持活动，秘密镇压了一些为非作歹的反动分子。

1933 年 5 月，国民党在重兵"围剿"红三军主力的同时，多次派兵"清剿"北山，游击队遭到重创，负责人吴觉民、吴振东被捕牺牲。1934 年 4 月，中共荆钟特区委书记张琢成被捕牺牲，北山革命斗争陷入低潮。

五、荆当苏区

荆当苏区指荆门县西部和当阳县东部边界两侧地区，北起荆当两县交界处的界碑岭，经杨家陡坡、谢家岗、谢花桥、洪庙、香炉山、冯家冲，南到得胜山，包括荆门县一侧的大烟墩集（今漳河）、周家集、何家场、蒋家集、杨家集、枣树店、五里铺等襄沙公路以西的荆南地区。荆南苏区是荆当苏区的基础，是荆当及荆当远苏区的重要组成部分。

大革命失败后，荆当边界两侧的革命斗争一直在秘密坚持。1928年1月，在淯溪区委消失后，洪庙党小组长刘礼乐仍带领当地党员坚持与敌人斗争。1928年6月，中共荆门县委恢复成立，随即决定开辟以杨家集、五里铺为中心的荆南根据地。

1929年3月，刘石渠、刘银州等淯溪劣绅与土匪柳玉珊勾结，以"过激派、赤化党"的罪名，将刘礼乐杀害。刘定国随即接任党小组长，继续领导贫苦农民进行抗租、抗税等斗争。与此同时，张宏生带领界山党小组，坚持在荆当界山下的张家冲、冯家冲、胡家冲、陈家冲和李家冲一带发动群众，开展革命活动。

1931年11月，当阳中心县委派黄冠柏带领27人枪来到荆门廖家冲，与当地党组织负责人朱正开等人取得联系，又经朱正开介绍，与洪庙党小组、界山党小组接上了关系。黄冠柏既带来了武装，又带来了上级党组织的指示，在了解洪庙地区的革命活动后，认为这里的党组织做得很好，要求他们从秘密发展农民协会入手，扩大党组织，准备进行武装斗争，建立红色政权。

同月，宜昌区委决定将荆门县委领导的荆南区委与当阳县委领导的荆南特支合并为荆南特区，"成立中共荆南特别区委，作为恢复和发展荆门工作的基础"。当阳中心县委随后决定将洪庙、荆当界山党小组一并划归荆南特别区委领导。在黄冠柏的主持下，中共荆南特别区委员会成立，关大顺为特派员，负责全面工作，邓遂之、胡时铨为委员。同时，原当阳第六区特支改称荆南特支，仍以许明金为书记。许明金于12月被敌人杀害后，由委员姚国仁负责特支工作。洪庙党小组改建为党支部，刘定国任书记，刘礼宽、朱魁元为委员。界山党小组扩建为党支部，张宏生任书记，冯振贵、冯有善为委员。荆当边界两侧的群众迅速发动起来。荆门一侧的廖家冲、何家场、桑树店、上刘家垸、杨家集、五里铺等地都建立了农民协会。

1931年秋，荆南苏区已与当阳西部地区连成一片。

1931年11月中旬，黄冠柏将他所带来的武装与洪庙党支部领导的地方武装合并，组建荆当游击第三大队，刘本士从第一大队调来担任大队长，黄冠柏任政委。全大队有长枪31支、手枪10支。同时，各农民协会相继建立了由本协会会员组成的农民赤卫队。荆当游击第三大队在赤卫队的配合下，在荆当边界地区打游击。

1932年1月，黄冠柏、刘本士带领荆当游击第三大队到脚东港击败国民党保卫团孙金吾部，首战告捷。2月19日，黄冠柏、刘本士带领第三大队和40多名赤卫队员，奔袭30里外的荆南张家场廖恢庭团防。在团防武装内4个同志的策应下，不费一枪一弹，俘敌20多人，缴枪24支。2月21日，刘本士、刘定国带领第三大队在赤卫队员的配合下，在周家集击溃刘汝林、杨竹庭两个团防中队，缴枪48支。群众为此作《嘲团匪清乡歌》，讽刺刘汝林，颂扬战斗的胜利。2月25日，第三大队乘胜攻打逃到袁家集的刘汝林残部，缴枪13支。3月17日，第三大队在大烟墩集击溃荆门县保安大队周道生中队，缴枪18支。3月下旬，第三大队击溃驻赵家庙何香银中队，缴枪17支。

1932年3月21日，荆当游击第一大队遵照当阳中心县委书记傅子和的命令，撤到荆南四明山地区活动。荆当游击第一大队以游击战术不断骚扰敌人，迫使从河溶方向开来"清剿"的川军退回河溶。荆当游击第一大队终于在四明山站稳了脚跟，并设立了荆当江枝游击指挥部，负责协调荆当远江枝宜乃至宜都、松滋等县的游击活动。

这时，当阳中心县委关于荆当游击第一大队的行动方向，出现了两种意见：黄冠柏主张就近与在荆当边界活动的荆当游击第三大队合编，发展荆当苏区；谭映峰则主张将队伍撤往洪湖根据地，编入主力红军。最后，两种意见争执不下，遂决定将队伍一分为二，由谭映峰带领一部分队伍到洪湖，留下一部分队伍由熊雨高带领到当东根据地摸清情况，争取恢复当东南根据地，如无可能，则编入荆当游击第三大队。

4月下旬，熊雨高带领队伍到当东活动了几天，见敌情严重，遂返回荆当边界的四明山，编入了荆当游击第三大队。此时，第三大队共有人员250多名，长短枪200多支。大队下设3个中队、9个分队，仍以刘本士为大队长。黄冠柏回指挥部工作，改由熊雨高任政委。胡景堂任副大队长兼第一中队中队长，魏金山任第二中队中队长，熊元奎任第三中队中队长。荆当界山两侧联合建立了赤卫总队。经过顽强斗争，荆当苏区正式形成，包括南北长90多里、东西宽70多里的荆当边界两侧的地区。

4月中下旬，随着荆当边界苏区的开辟，根据宜昌特委指示，转移到荆当边界的当阳县委与荆门县的荆南特区委合并组建荆当县委、联县政府。黄冠柏在荆南五里铺路西的刘家大湾主持召开了荆当联县第一次党员代表大会，参会代表50多人，另有当阳苏区代表、荆当游击第三大队代表数人列席会议。大会总结了前一段时间各项斗争的情况，宣传了湘鄂西省苏维埃政府颁布的《土地革命法令》，布置了在决定边界地区开展土地革命的任务。会议选举产生了荆当县委，王玉山任书记，关大顺、邓遂之、刘定国、匡月亮、刘本士、胡德芳、熊雨高为县委委员，何寿鹏任组织科科长，胡时铨任宣传科科长，胡家秀任妇女书记。

同时，王玉山领导成立了荆当县革命委员会（苏维埃政府），作为荆当县的临时权力机构和苏维埃政府的筹备组织，王玉山兼任主席。

荆当县下辖一区（廖家冲、洪庙）、二区（何家场，书记李纯斋）、三区（张家场）、四区（杨家集，书记杨文直）、五区（五里铺，书记丁发友），5个区都建立了党的区委。李纯斋、胡时铨、杨文直、丁发友等分别担任各区区委书记。各区、乡都建立了苏维埃政府。同时，县、区、乡都成立了青年团、妇女会等群团组织，匡月亮任共青团县委书记，胡家秀任县妇女协会主席。县委、县革命委员会机关驻荆南五里铺西刘家大湾。

随后，县苏维埃还成立了特务队，队长刘凤烈，全队10人，一律配短枪，负责县委、县革委会机关的保卫工作，负责执行肃反和到白区活动的任务。荆当苏区的范围，北至何家场，南到建阳驿，东越襄沙公路，西到漳河之滨。

荆当县委、县革委会成立后，洪庙地区从第一区划出，单独成立临时区，洪庙党支部扩建为临时区委，刘定国任区委书记，下辖两个乡党支部，有党员 150 多人。成立临时区苏维埃政府，朱魁元任主席（区长）。区下设两个乡苏维埃。荆当界山党支部及脚东港地区划归第二区，党支部改称第二区第六党支部，书记张宏生，有党员约 20 人，下辖 4 个乡苏维埃政府。荆南特支划归第五区，改建为高店党支部，姚国仁任书记，有党员 20 人。荆当边界还建立了荆当远联络站党支部，李尧常任站长兼党支部书记，直属荆当县委领导，负责荆当边界党组织与荆当远党组织的交通联络工作。

4 月下旬，荆门、当阳敌人向荆当根据地发动第一次"围剿"。荆门县团防王德昌率部从东南方向向荆当根据地中心区五里铺、杨家集发起进攻，荆当游击第三大队奋勇阻击，迫使敌人退回老巢。

5 月，荆当游击第三大队以周家集为中心向拾回桥、后港推进，以与荆南苏区联系，连成一片。

5 月中旬，国民党川军两个团配合荆门团防进攻荆当苏区。国民党当阳县政府及淯溪、观音寺、脚东港、官垱等地土豪劣绅也强迫辖区农民 1 万多人组成民团参与"清剿"。荆当县委和荆当游击第三大队从第一区、二区转移到第三区、四区、五区和洪庙临时区，领导群众开展游击活动。

1932 年 6 月，国民党反动派对洪湖根据地发起第四次"围剿"，同时大举进犯荆当苏区。

同月，国民党川军勾结荆门、当阳团防及地主武装近万人对荆当根据地进行"清剿"。敌人一手疯狂屠杀，一手欺骗群众。当阳县的陈秉政、尚信安、曹静佛、孙金吾、杨祖灿等纠集大小豪绅和土匪头子合谋，强迫群众组织编练队、"剿匪"义勇队、民团，发放"良民证"，组织守夜、放哨、捉人。同时召集群众会议，发传单、宣言，诬称共产党红军如何杀人放火、共产共妻，造谣日军占领满洲、炮轰上海都是共产党造成的。敌人将党员或农协负责人捉住后让他们当"队长"，欺骗他们反水，到处领着捉人。还设立秘密信箱，策动党员、群众骨干自首，动员群众的家属让其亲人自首。敌人通过软硬兼施，使"跑兵"的群众越来越少，游击队和干部的目标越来越明确，越来越难以隐蔽。反"围剿"斗争的形势日益恶化起来。

荆当县委一面率领第三大队、赤卫队与敌人勉力周旋，一面多次向湘鄂西省苏维埃告急。湘鄂西省委、省苏维埃政府派红三军独立团前来支援荆当苏区。独立团先后攻下清溪、脚东港、蒋家集、河溶等集镇，打了几个胜仗，但敌众我寡，力量悬殊，在四明山遭川军截击失利后，转移到五里铺，进行了一周的休整。随后，留下150多名伤病员，撤回洪湖根据地。此后，敌人的"清剿"更加猖狂，荆当县委、荆当游击第三大队的活动更加困难。

同时，敌王德昌部加紧进攻荆当县委、县革委会驻地五里铺。

6月下旬，荆当县委派匡月亮向湘鄂西省委请示，省委指示荆当县委、第三大队暂向洪湖转移。7月上旬，荆当县委决定由县委书记王玉山等率领荆当游击第三大队第二、第三中队和300多名干部、2000多名赤卫队员分批突围到洪湖根据地，由刘定国代理县委书记，并要求刘定国率领第三大队第一中队掩护主力撤走后再突围。

7月8日，在荆当游击第三大队第三中队的掩护下，2000多名赤卫队员冲出了敌人包围圈，向洪湖突围。7月9日，200多名干部由荆当游击第三大队第二中队掩护，也突出了敌人包围圈。9日夜，荆当游击第三大队第一中队拨出长枪10支、短枪13支，掩护王玉山等县委主要负责人转移。

随后，刘定国与第三大队政委熊明春、中队长刘景堂率领荆当游击第三大队第一中队剩下的80多人、54条枪，掩护主力撤退后，安抚群众，进行善后，于7月10日转移至当阳洪庙刘家冲，沿途收容第一、二、三区"红"了的干部和第七乡赤卫队，向荆当界山转移，7月12日夜晚，开始突围。7月13日，刘定国等见四周都是敌人，就带领队伍隐蔽在山林里，见一大队敌人向东开过去后，就马上带领游击队悄悄向北穿过山下大路，突出了包围圈，随后经打鼓台插往尖山头隐蔽。白天，山下国民党正规军、地方民团络绎不绝，四处游动。7月14日夜晚，敌人返回鸿桥铺一带宿营，突围队伍星夜从敌人空隙处钻出去转移至五里铺，随后又在敌人布防的空隙里钻了几天，打退了几股来截击的民团。然后从五里铺向东穿过襄沙公路，昼伏夜行，于7月19日开进大凹山，与先期到达的第二、三中队会合。7月中下旬，荆当游击第三大队全部转移至洪湖中心区。荆当苏区随之丧失。

7月，何寿鹏担任荆门县委书记。在荆当游击第三大队、赤卫队撤走后，何寿鹏、何佩文、何德凤、李纯斋等人带领400多干部、战士和赤卫队员隐蔽在杨家集以西的蒋家湾和王家大山头。半个月后，得到上级组织指示，留下少量同志在当地继续隐蔽，坚持斗争，李纯斋接任县委书记，保持与洪湖根据地的联系，其余人由何寿鹏带领，撤往洪湖。

8月，李纯斋接任荆门县委书记，继续带领荆门县游击队和党员、群众骨干顽强斗争。10月，李纯斋仍然带领10多人的小型游击队开展不同形式的隐蔽斗争。

1933年5月，荆门县游击队在国民党反动武装的反复"清乡""围剿"下，被迫解散，李纯斋只身到江南隐蔽。

六、荆当远苏区

荆当远苏区是土地革命后期在荆门、当阳、远安地区建立的革命根据地，是在红三军主力支持下建立起来的。荆门境内包括栗溪、仙居、马河、漳河等地局部地区。

1932年6月，国民党集中10多万兵力向洪湖根据地发动第四次"围剿"。6月初，各路敌军开始推进，川军第四师范绍增部3个团占领老新口、龙湾司、张金河，准备进犯监利。段德昌率领红九师和警卫团在监北新沟咀地区布防。13日，范绍增部直逼新沟咀，见红军撤退，忙以多路纵队沿东荆河堤并行追击，挤成一团。段德昌指挥部队分两路反击，红军骑兵分队3个连利用河堤作掩护，迂回到敌后，突然袭击，川军见腹背受敌，慌忙逃窜。红军乘胜追击，直至熊口，将敌全歼，歼敌3000多人，缴枪2000多支。此战保住了监利、江陵、潜江等根据地中心区，而且有力援助了襄北红军的斗争，使荆门、当阳一带地方武装乘胜扩展了新区，进一步扩大了洪湖根据地。

7月底，襄北红三军主力在国民党川军8个团和鄂军2个师的围攻堵截下，接连受挫，被迫从马良渡河，向荆门、当阳方向转移。红三军转移襄南，决定首先打击川军。21日，在荆南沈家集、曾家集一带与国民党军激战 3 天，因国民党援军赶到，未能达到歼敌有生力量的目标，被迫撤退到江陵、熊口、莲花寺一线，与在此地的红三军警卫师会合（由军委警卫团和鄂西北独立团合编）。随着红三军南撤，襄北根据地基本落入敌手。敌军跟踪红三军而来，顺手占领了浩子口、周家矶一带。敌军占领襄北、荆南和潜江后，直逼洪湖中心区。

8 月 11 日，国民党军分头推进，全力围攻洪湖中心区。9 月初，敌军逼近湘鄂西中央分局、湘鄂西省委和省苏维埃政府所在地，形势危急。贺龙、段德昌等提出将主力转移到外线作战，在运动中消灭敌人，遭到夏曦反对。夏曦令红三军兵分两路，用"两个拳头打人"：一路由中央分局指挥，以红七师、警卫师一个团和地方独立团为主，固守洪湖根据地，用阵地战阻击敌人；一路由贺龙、关向应率领，集中红八师、九师和警卫师另一个团，深入襄北敌后，发动大规模攻势，迫使围攻洪湖之敌回防。

8 月 22 日，贺龙率领红八师、九师和警卫师一个团从浩子口转移到国民党川军侧后荆南地区，但遭敌川军郭勋部 8 个团和鄂军第十三师、第四十四师追堵，激战 10 多日，未能寻得歼敌之机，也无法突破敌军渡河防线进入襄东，只得转战于荆当地区，直到 9 月才渡过襄河转移到京山、钟祥以北的大洪山，但已错过打击敌军的有利时机，起不到牵制敌人的作用。

在夏曦的率领下，红七师、警卫团分兵堵口、阵地防御，在敌军重兵的压迫下节节败退。8 月 31 日，周老嘴失陷。9 月 3 日，中央分局所在地瞿家湾失守，湘鄂西省委和红七师师部被迫连夜向江陵撤退，红军损失惨重。9 月 7 日，敌军攻占朱河后，夏曦率领湘鄂西省军委、省委警卫部队、一批地方干部及红七师剩余部队撤退至张金河。红七师来不及休整，敌军从四面八方跟踪而至，徐李寺、龙湾相继失守。

9月中旬，各湘鄂西党政军群机关、红军部队辗转撤至沙岗。监利、沔阳警卫团，潜江、荆门警卫营（1个连）等也先后转移到江陵沙岗。接着，湘鄂边独立团及党政机关也来到土地口、沙岗一带。

此时，湘鄂西中央分局、红七师已被国民党军四面包围。夏曦认为，江陵地域狭小，断难立足，随时有被敌人围困的危险，便决定红七师北上转移到荆门，与红三军主力会合，同时决定将其余武装合编为红三军独立师，原湘鄂边独立团编为第一团，江陵、监利、潜江、荆门武装编为第二团，以王炳南为师长、卢冬生为政委，全师有三四千人。

10月初，在红三军独立师奉命向外出击郝穴时，合围江陵的国民党军乘虚而入，跟踪合围沙岗。10月上旬，国民党军步步进逼，形势万分危急，夏曦决定率领独立师向西北方向突围，北出荆门。会后，夏曦率领独立师连夜突围。10月中旬，洪湖中心区各部队、湘鄂西省委、苏维埃政府机关也开始转移。随着军事上的失利，洪湖苏区全部丧失了。

夏曦、王炳南与卢冬生各自带领独立师一部向西北突围。突围部队在北渡三汊河时，遭到川军范绍增师1个先头营阻击，敌军借助河堤上的铁门严密封锁通道，独立师先后组织了几次冲锋，都没有成功。这时，大批敌援军陆续抵达，形势危急。独立师一面派人渡河迂回，派骑兵连走稻田穿插，一面从正面全线出击。敌人招架不住，被迫逃往浩子口。敌军到来时，独立师已撤走，于是从后面尾追。在撤退途中，夏曦、王炳南率领的第二团与卢冬生率领的第一团失掉联系。后来，王炳南率领第二团到了大洪山，与红三军主力会合。卢冬生率领第一团在丫角庙附近安置伤病员，组织随军撤退群众，经过荆门大凹山、杨家集、关庙岗等地，后来转移到远安地区。

1932年7月，湘鄂西中央分局、军分区为了牵制敌军的兵力，击破敌人的围攻，决定派部队恢复已经丢失的荆当苏区。

7月底，黄冠柏按照宜昌特委的命令，将原荆当县委、荆当游击第一大队和荆当赤卫队的一些失散人员与活动在荆宜钟南远边界的荆南游击大队（1931年8月在仙居成立）合编为荆当远独立团，湘鄂西中央分局、军分会调红九师第二十七团政委韩振朋任团长，黄冠柏任政委。随后，原荆当游击第三大队和荆当根据地的党政失散人员、原瓦仓农民自卫团、观音农民自卫团的隐蔽人员闻讯陆续归队，队伍很快发展到1000多人。独立团主要活动于荆当远地区，开展游击斗争，筹建苏维埃政权。

8月，荆当一带突围转移到洪湖的党政军群人员有800多人，其中有200多人被编为红三军警卫师独立团第三连。警卫师师长唐赤英按中央分局和军分会命令，将第三连的番号恢复为荆当游击大队，任命师部参谋柳振汉为大队长，熊雨高为政委。要求他们率领第三连和原荆当干部、赤卫队员300多人返回荆门、当阳根据地开展游击战争，恢复党组织和苏维埃政权。唐赤英还派了一个骑兵连、两个步兵连护送游击大队返回荆当。

游击大队行进至潜江境内时，熊雨高以沿途敌情严重，部队不宜相互等候和集中行动为由，撤开了护送队伍。9月15日，游击大队顺利返回到荆南赵家庙。

9月16日夜晚，熊雨高、柳振汉在战士们的迫切要求下，分头带队袭击赵家庙敌民团，毙敌数人，救出被俘党员4人，并缴获银洋500多元。9月17日上午，五里铺民团舒厚甫部50多人向游击大队发起攻击，战斗不到1小时，游击大队俘敌6人，缴枪5支，舒部狼狈逃跑。次日，游击大队见四面都是民团，遂隐蔽半天，连夜向当阳境内转移。

9月19日黎明，游击大队到达郭家场附近的魏家榨。这时，游击大队班长李朝环、副班长李再容携枪前往雷家港子，向所驻国民党川军秦营投降。秦营随即在二李的带领下，向游击大队包抄而来。游击大队奋勇冲出包围，并向尾追之敌发起反攻，毙敌1名排长、3名士兵，毙伤敌5人，缴获步枪13支、弹药1300多发。

游击大队负责人熊雨高不主动寻找荆当党组织，不发动群众，反而在队伍中故意散布悲观情绪，暗示大家自寻出路。当夜，大队长柳振汉、中队长熊元奎携款200银圆离队逃走。随后的3天，熊雨高带领队伍徘徊于当江枝边界地区。其间，他通过与叛徒任干夫、庄希周取得联系，得到敌人让其活命等项保证，制订了出卖游击大队的计划。

9月22日晚，熊雨高在郭家场召集游击大队全体党员会议，欺骗大家说，这么多人带着枪支行动惹敌人注意，只有把枪支先沉入堰塘，人员白天分散跑兵，晚上按指定的时间和地点集中活动，才能渡过眼前的关口。全大队190多支长枪就这样在当晚捆好沉入郭家场附近的四方堰。第二天，熊雨高跑到陈家场向国民党当阳县自卫大队大队长赵志青投降，并于夜间引导敌人捞走了全部枪支。到了游击大队集中的时间，熊雨高又带人埋伏在那里，伏击游击队员。荆当游击大队100多人被敌人杀害，整个队伍瓦解。武装恢复荆当根据地的努力至此失败。

与此同时，黄冠柏、韩振鹏等人领导荆当独立团，在荆当南远边界的庙前、方家口、东巩、黄茶院、大堰塘、马家坪等地广泛开展游击斗争，筹建苏维埃政权，帮助南漳、远安党组织扩大了南安县游击队、远安县游击队，并在黄茶院创建了南安根据地。

1932年9月底，荆当独立团改称荆当远独立团。

10月，卢冬生率红三军独立师一部与荆当远独立团在庙前、观音寺交界地带会合。独立师、独立团在荆当远南边界帮助地方党组织发展武装斗争，建立了南安游击纵队。在南安游击纵队和赤卫队的配合下，黄冠柏、韩振鹏指挥独立团在朝天观与敌周诒恒、邓春台部激战，毙敌100多人，缴枪40多支。此后，又在月溪畈击溃前来"清剿"的敌宜昌县保安团，毙敌200多人，缴枪50多支。在独立团的帮助下，南安党组织建立了南安根据地，成立了县苏维埃政府和10多个乡苏维埃政府，苏区面积达到1500平方千米。

1932年11月，荆当远独立团与红三军独立师在庙前进行整编，全部编入红三军独立师，卢冬生任师长兼政委，黄冠柏任师参谋长，韩振鹏改任独立团政委，汤福林任独立团团长。

11月中旬，独立师转移到当阳境内，计划由荆南大凹山返回洪湖。11月20日，独立师在荆南团林铺、沈家集一带与国民党整编第四十八师第一四四旅遭遇，战斗失利，向西撤退至兴山、远安、宜昌交界地区黄茶院一带。次年1月，红军撤离西进，荆当远至此再无主力红军活动。荆当远苏区彻底丧失。

（李柏武）

军民合作饭店与曾志

　　荆门城关的"军民合作饭店"旧址位于荆门市东宝区龙泉街道办事处辖区北门路三里街 13 号。该饭店原系砖、石、木结构的三重房屋，前面就餐，后面住宿，总面积 108 平方米，现为荆门市革命文物保护单位。

曾志题写的军民合作饭店招牌

　　荆门"军民合作饭店"设立于 1938 年 10 月，至 1939 年夏因蒋介石密令搜捕"异党"停办。虽不到一年，却是中共荆当远中心县委的领导中心，领办者曾志时任荆当远中心县委书记。荆当远地区系湘鄂西革命根据地的重要组成部分，曾志在此留下了许多动人故事。她在此重建了荆门党组织，发动了群众，并且与国民党军政两界建立了较好的合作关系，为襄西抗战奠定了基石，书写了一段抗日传奇。

一、不惧轰炸，冒险劳军传佳话

1938 年 10 月，武汉沦陷，中共湖北省委派陶铸、曾志夫妇到鄂中恢复和发展党的组织，为开辟抗日游击根据地做准备。夫妻俩从宜昌出发，在沙洋县十里铺分手，陶铸前往大洪山，曾志和随行的郑速燕来到荆门县城。曾志曾是汤池训练班的党支部书记，郑速燕对外的身份是荆门合作指导小组的组长，其所在的合作小组共有 7 个合作指导员，都是从汤池训练班出来的。曾志和郑速燕到达荆门后住进一个小学里，旁边是张自忠第三十三集团军临时陆军医院，这为曾志了解前方战事提供了方便。没几天，曾志就联系上了土地革命时期隐藏下来的几位共产党员。

荆门是汉宜公路线上的要地，又是进出鄂西北的必经通道，于是成了敌人摧毁的重要目标。那时，日军为了轰炸设在荆门龙泉中学的国民党第五战区司令部，日军飞机在这里狂轰滥炸，一座繁华的县城，几乎被炸成废墟。老百姓纷纷逃进山里避难，城内商店关门，旅店停业。从武汉经荆门撤往襄阳的国民党军队和难民在荆门数十里内找不着一口水喝，更谈不上吃一碗饭。许多散兵找不到饭吃就骚扰当地百姓，秩序非常混乱。国民党荆门县政府面对这种景状，一筹莫展。

面对这种情况，曾志、郑速燕和合作指导小组成员商议开展劳军活动。他们来到荆门城外靠公路的一条小街（三里街），三里街上的住户都跑光了，家家关着门。他们打开一家饭馆，搬出锅碗瓢盆、桌椅板凳，从几户逃跑的大户人家家里抬出大米、柴火，又找了几个本地进步青年，在公路旁埋下大锅烧开水、煮稀饭。同时教唱抗日歌曲，为伤病员洗衣服、洗绷带、缝缝补补、代写家书，以实际行动鼓舞抗日军民的抗战意志。此举感动了许多士兵，他们走到哪儿就宣传到哪儿，说荆门有几个爱国青年，其中还有女士，不怕飞机轰炸也不辞劳苦，在全县百姓和官员都跑光的情况下，为官兵送水送饭……不到几天，这些话就在方圆几百里的国民党军队里传开了，他们一下子成了荆门的"明星"。

二、不惧艰难，开办军民合作饭店

荆门是宜昌与襄樊之间的第一大县，也是两地交通的必经之地，所以过往车辆、行人较多。这时国民党的大部队基本过完，劳军的目的已经达到。为长久计，曾志和郑速燕等人在荆门城关北门三里街办起了卖粥的小饮食点，还动员群众腾出房屋临时安排住宿。另外，他们在路边支起一张桌子，烧好开水，盛在茶水缸里，免费让过路的军民饮水解渴。这样，初步缓解了过往军民的食宿难问题。同时他们以荆门农村合作事业办事处名义公开活动。

1938年11月，国民党第三十三集团军退守襄河防线，集团军司令部进驻荆门龙泉中学,第五战区司令部迁往襄阳。第三十三集团军下辖第七十七军和五十九军,集团军总司令是张自忠,参谋长张克侠是中共地下党员。几天后,曾志去拜访三十三集团军政治部陶主任。随后,又通过内线认识了参谋长张克侠,并主动拜访了张克侠将军。由张克侠出面解决经费,将小饮食店改建为"军民合作饭店",扩大经营范围,既开办酒席,又接待住宿,解决了过往军民的食宿困难,也为城区军民宴会、就餐提供了方便,受到人民群众和国民党军队的称道。同时掩护过境的党的领导干部和地下工作人员,并为党的活动筹集经费。1938年底,国民党军政部长何应钦视察第三十三集团军司令部,张自忠专门在"军民合作饭店"宴请他。不久,张克侠动员师、团以上军官捐款在饭店对面办起供销合作社和供给部,同时,在荆门周边的红岩寺、南桥、八角庙、杨家集等地设立了分店和分社。

"军民合作饭店"和供销合作社越办越兴旺,曾志等人把饭店办成了宣传党的抗日主张、动员广大民众投入抗战、支持和鼓励抗战将士奋勇杀敌的阵地。饭店服务员的围腰上有两个小荷包,一个装筷子,一个装进步书报,利用菜未上桌的机会,先把宣传抗日的书报给顾客看。他们还发动各校师生积极组织宣传队,运用话剧、演讲、绘画、张贴抗日标语等多种形式,在城镇和农村广泛宣传抗日活动,掀起抗日救亡的群众热潮。

同鄂西北区党委取得联系后,曾志被任命为荆当远中心县委书记,郑速燕被任命为荆门县委书记。她们利用饭店作掩护,不断将荆当远地区开展抗日活动的情况和抗日前线的战争情况报告给区党委。根据上级指示,加快推进荆当远地区的党组织建设,发展了青年学生杨振东、龙剑平，秘密探察、联系失联的老红军、老党员李纯斋、许猛，通过他们团结起革命群众百余人。并将饭店的利润拿出一部分，补助基层党组织作为开展活动的经费。此举对各地恢复和发展党的组织、发动民众参加抗日救亡、秘密筹集抗日武器等工作发挥了积极作用。据记载，1939 年初，我党在荆门地区有党员约 110 名，为以后的北山游击区、荆南县政府的成立奠定了坚实的基础。

三、不惧危险，运送军粮到河溶

河溶是当阳境内一个古老的集镇，素有"小汉口"之称。抗日战争时期河溶也是一个驻扎重兵的地方，国民党第二十九集团军总部就曾设在镇上。当时的情况是武汉沦陷后，日军西进占领了钟祥县城，与荆门隔河相望，随时有可能发生军事冲突。此时，防守襄河及荆沙一带的是国民党第五战区第三十三集团军总司令张自忠部。

张自忠部在襄河防守，得到了各方面的大力支援，在荆门沙洋镇屯集有 20 万斤大米。由于军情紧急，部队粮食需要调运，集团军司令部令荆门县政府组织力量将 20 万斤大米运往当阳河溶。当时的情况下，要组织如此大的运力的确困难。时任国民党荆门县县长李福振是刚刚由第三十三集团军派任的县长，人生地不熟，工作难以开展，多方找人帮助运送，都没有达成协议。李福振为此一筹莫展。心急如焚的李福振找到军部，在参谋长张克侠的面前叫苦，张克侠指示李福振去找荆门农村合作事业办事处负责人曾志和郑速燕寻求支援。

曾志、郑速燕认为转运军粮有利于抗战，也有利于统战工作，还可让农民得到一些运输力资，同时可以锻炼党的基层干部的组织能力，一举四得。于是以办事处的名义动员群众参加转运，而实际是由地下党组织农民完成这项任务。他们把运粮任务交给了杨家集地下党员杨振东，由第三十三集团军出护照，组成第三十三集团军运输队，杨振东任队长。杨振东从杨家集组织数百位民工，怀揣第三十三集团军发的护照，扛着"第三十三集团军运粮队"队旗，用鸡公车推、骡马驮，经过半个多月，圆满完成军粮抢运任务。这件事使曾志他们的荆门农村合作事业办事处的组织工作受到了第三十三集团军的赞扬，国民党荆门县政府也十分感谢他们。

运送军粮任务完成后，在曾志等同志的努力下，运输队保留了下来，旗帜和证明等也没有收回。党组织便利用这些旗帜和证件成立了一个30人的专业运输队。当时第三十三集团军正在宜城、南漳一线驻扎，而我党也正要开辟宜城、南漳、钟祥老山区工作。运输队就着意进入这些山区帮助代运山货，沟通了山里山外的贸易。通过运山货，运输队直接与穷苦山民接近，进行抗日救亡宣传，告诉他们日本侵占东三省和北平、天津、上海、广州、武汉后奸淫烧杀的情况，号召他们誓死不当亡国奴，保家救国，拿起家伙跟鬼子干。山民对运输队员都很信任，群众工作进行得很顺利，运输队成了抗日宣传队和发动群众的工作队。很快，在这些原来的空白点上，建立起了农民的秘密组织，通过这些组织又秘密串联起各自的亲戚、朋友，迅速扩大了我党的活动范围和政治影响。

四、利用时机，壮大抗日力量

曾志一边在各级党组织会议上强调抓武装，一边利用下乡调查之际查看地形，为开展敌后抗日游击战争做了充分的准备工作。1939年5月，曾志在当阳刘家河刘宝田家中主持召开荆当远中心县委会议，传达了六届六中全会精神和中共中央中原局书记刘少奇的有关指示。会上，曾志肯定了当阳县委党抓武装斗争的经验。当阳的中共党员刘宝田和童勋伯利用社会关系分别当上了南宁联保主任和慈化联保主任，掌握了这两个乡的地方武装。同时，以"抗日保家，防匪防盗"为由，找殷实富户摊派了一笔枪款，从国民党驻军中购得50多支长短枪及一批弹药。另外，曾志还安排当阳县委联系了在远安的杨雄飞，他是国民党湖北保安第五团第一营营长，率领300多人驻扎远安，计划在必要时将部队带入敌后，开展抗日游击斗争。

1939年夏，国民党当局的"反共"活动进一步升级。为对付共产党和新四军的活动，蒋介石竟以武装侦察日军为名，下令五战区每个师成立一支搜索队，专门监视共产党和新四军的行动。国民党第三十三集团军第七十七军副军长兼第一七九师师长何基沣（中共地下党员）在接到成立搜索队的命令后，立即主动与荆当远中心县委联系，并建议第一七九师搜索队由中心县委挑选人员组建。中心县委立即请示鄂豫边区党委，边区党委采纳了何基沣的建议，指派共产党员周正担任搜索队队长。为尽快把搜索队建起来，使其完全成为一支由共产党控制的抗日武装，北山、荆南等地精心挑选了80名思想进步的青年队员和抗日十人团成员参加搜索队，中共荆钟特区委还派毛元杰、赵武子等党员骨干到搜索队任职。搜索队内设秘密党支部，赵武子任书记，毛元杰、赵抗、王义山、段云生为委员。毛元杰、邓寿昌、张永家分别担任一、二、三排排长。不久，搜索队拉到钟祥中山口换上军装，配备步枪100多支、轻机枪3挺、手枪数支，还配备了充足的弹药和1部电台。这样，一支由共产党所掌握且装备齐全的搜索队组建起来了。搜索队成立后，由于纪律严明、作风正派，很快引起了国民党特务的注意。为此，周正根据上级指示，迅速将搜索队拖至鄂豫边区党委所在地京山八字门，整编为新四军鄂豫挺进纵队特务中队，成为新四军一支正规武装，也是鄂西北党委武装开辟襄西抗日民主根据地的主要力量。

为了掌握更多的武器弹药，荆南、北山党组织根据当地国民党散兵、逃兵较多的实际情况，发动广大党员和进步群众秘密收集了一批枪支弹药。如北山党组织以20元法币从国民党逃兵手中买下了一支枪；荆南党组织通过发动群众捐款"入股"的方式，从国民党军政人员手中，秘密购买了一些枪支弹药。此外，收捡国民党军队丢弃的枪支弹药也是筹集抗日武装的一条重要途径。曾志、郑速燕一次路过掇刀石，偶然发现草堆里有一支枪，便立即捡了回来；刘建章在北山发现有个国民党逃兵将枪往堰塘里扔，便连夜组织党员到堰塘将枪捞起来；五里铺抗日十人团成员刘光成在竹林里发现两支被丢弃的步枪，刘光直等人闻讯后赶去将枪取回；荆南的刘光金在菜园里捡到一支步枪和22排子弹；杨振东也秘密组织党员寻找捡回国民党军队丢弃和窝藏的4支步枪、两箱子弹及部分手榴弹，通过这种方式补充了枪支弹药，壮大了抗日力量。

五、处境恶化，"军民合作饭店"关闭

1939 年春，国民党掀起又一次"反共"高潮，国民党在荆门的武装特务加强了对饭店的监控，并且经常唆使一些童子军、三青团来饭店捣乱。中心县委从张克侠那里得知消息，为了避免党组织遭受破坏，曾志于当年 5 月将饭店的工作人员陆续转移。6 月，上级党委决定将中心县委机关迁往当阳。随后，饭店被国民党县政府查封。

"军民合作饭店"从开办到关闭虽然只有不到一年的时间，但它在荆门的抗战历史上起到了不可低估的作用，为掩护我党开展抗日救亡、唤起民众御敌、促进国共合作发挥了重大作用，一直受到荆门人民的敬仰。新中国成立前，"军民合作饭店"曾遭到国民党反动派的破坏。新中国成立后，荆门市人民政府为了保护这一具有重要意义的革命文物，将其定为荆门市第一批市级文物保护单位。

（陈梅）

人物简介：曾志，原名曾昭学，1911 年 4 月 4 日出生于湖南省宜章县一个清贫的知识分子家庭。1924 年 8 月考入衡阳第三女子师范学校，在校期间受到革命思潮的影响，1926 年考入衡阳农民运动讲习所，成为该所唯一的女学员，同年加入中国共产党。1927 年春从农讲所毕业，以衡阳农协妇女部干事和衡阳公安局警察大队政治助理员的公开身份作掩护，秘密从事党的工作，任衡阳地委组织部干事。湖南"马日事变"后，她参与组织策动过衡阳暴动和湘南

暴动。湘南暴动后，她参加了工农红军，任郴州第七师党委办公室秘书。1928年4月，她跟随队伍上了井冈山，任红四军后方总医院党总支书记。在创建人民共和国血与火的斗争中，她经历了无数考验，为革命作出了一个平常女子少有的贡献。她的第一任丈夫夏明震（革命烈士夏明翰的胞弟），在湘南起义中牺牲。第二任丈夫蔡协民（井冈山红军优秀指挥员），婚后不久英勇就义。在恶劣的斗争环境中，她的三个儿子都在出生后不久不得不送人。1930年，她先后担任厦门、福州中心市委秘书长，1932年冬与福州中心市委书记陶铸结为革命夫妻，并先后担任中共闽东特委组织部部长、福霞中心县委书记，为发展闽东苏区作出了重要贡献。1937年任湖北省委妇女委员会书记。1938年10月以后，曾志化名曾霞任中共荆当远中心县委书记，在国民党第三十三集团军防区内卓有成效地开展了抗日活动和统战工作，此间，她的机智英勇深受党内外人士的钦佩。1939年12月，她从荆门出发辗转到达延安，进入马列主义学院学习。1940年秋，任中央妇委秘书长。日本投降后，她奉命北上，任沈阳市委委员兼铁西区委书记、地委组织部部长，在沈阳智斗国民党和伪警特，为东北解放事业作出杰出贡献。全国解放后，她历任中南军政委员会工业部副部长、广州市电业局局长、广州市委书记、中共中央组织部副部长等职。在党的十二大上，她当选为中顾委委员。1998年6月21日因病在北京逝世，享年87岁。

高家畈农民暴动

——贺鼎元牺牲前后略记

位于荆门城西20多千米的烟墩（今漳河镇）高家畈，曾经地瘠民贫，农民祖祖辈辈遭受官僚地主的压迫和剥削，生活困苦不堪。人称"贺氏三雄"的贺鼎元、贺淑阶和贺仲阶，同情穷苦大众，深得群众拥护和信赖。

一年冬季的一天，刮风下雪，天寒地冻，在乡村私塾就读的"贺氏三雄"（贺鼎元、贺淑阶、贺仲阶）见同学们一个个冻得浑身打战，贺鼎元同贺淑阶商量："趁先生没来，我们何不找点枯柴生火取暖？"贺淑阶说："这大风雪，到哪里去找？"贺鼎元说："找土地公公借！"于是便将几个土地庙内的木质神像搬来打碎，生起了大火。正当同学们欢呼雀跃围坐在一起取暖时，先生来了，他望见火堆里土地公公的残身，勃然大怒："是谁胆大妄为，焚烧土地神物？"贺淑阶挺身答道："是学生弄来烧的。"先生责怪道："长友（淑阶学名），土地乃本庄神物，掌握着这方人的生死祸福，如何这等造次？"淑阶说："看它们已被白蚂蚁吃去不少，自身都难保，哪还有办法去管别人？"先生一时无言以对。

1924年，贺鼎元到省实验中学学习，结识了早期共产党员、荆门石桥驿人胡孟平，在其介绍下加入了中国共产党。1925年假期回到家乡，先后发展了贺淑阶、雷培富、高超群等同志入党，同时，还成立了高家畈党小组。

1926年，贺鼎元由省实验中学毕业，受党的派遣回到荆门，与当地党组织取得联系后，同龙泉中学党支部书记尉士筠到当阳与起义军领袖聂豫、张勤方联系，率起义军攻克了荆门，生俘国民党县长毕世彦。中共湖北省委派胡孟平回荆门任中共荆门县部委书记，贺鼎元任县农部会主席，贺仲阶任高家畈党支部书记。在贺鼎元的领导下，农民革命先从高家畈掀起，农民听说要组织农民协会，纷纷到高家畈报名入会。高家畈的革命风暴很快席卷了全县乡村，全县农协会如雨后春笋发展起来。城北的大地主常幼卿（人称常百万）听到这个消息，吓得不敢在家过春节，将家财变卖了一部分，企图顺汉江逃往武汉。贺鼎元得知后，立即带领人员从县城连夜赶到双河口进行拦截，将其抓回监押。烟墩集大恶霸周兴元也吓得惊惶不安，企图逃奔沙市。贺淑阶闻报，也在途中将其抓获。

为了把荆门县农民运动推向新的高潮，县委决定送贺鼎元到毛泽东主办的武昌农民运动讲习所学习。1927年6月，贺鼎元以省农协特派员的身份从武昌农民运动讲习所回荆，深入农村，发动群众，领导农民进行斗争。是年4月12日，蒋介石叛变革命。4月下旬，县农协在城关大校场召开了农协会员万余人大会，声讨蒋介石叛变革命的罪行。会后，农协会员押着各地送来的地主豪绅，画着花脸，戴着高帽游街示众。如火如荼的农民革命运动在全县蓬勃发展。

1927 年底，荆门县委成员尉士笃在荆南召集李云程、李文宣、靳吉祥等同志开会，商量开展武装斗争问题，同时请高家畈的贺鼎元参加了这次会议。

1928 年 2 月在沈集召开了全县第二次党代表会，刘继汉、贺鼎元、贺淑阶、贺仲阶等 25 人参加了这次会议。会上李廷璧同志传达了党的八七会议精神和湖北省"秋收暴动计划"，总结了荆门县前段农民运动的经验教训，着重研究了高家畈农民暴动的具体方案和行动计划，会议决定这次暴动由贺鼎元、贺淑阶负责领导，并派军校毕业的刘金奎、董益三两位同志协助指导。

会后，贺鼎元着手准备暴动，将烟墩集、黄集等地的铁木工人组织起来，打造刀、矛、梭镖等武器。派贺仲阶、雷培富两人到南桥找张葆仁取武器（1928 年，中共早期党员张葆仁从武汉回归荆门，与县委成员李廷璧取得联系，在南桥组织农会，并从国民党逃兵手中买到 3 支步枪。为支援高家畈农民暴动，张葆仁毅然把枪交给了贺仲阶、雷培富），以挑稻草为掩护，巧妙地通过了荆门城关的几道哨卡，弄回了 3 支步枪。同时在农会的领导下，对土豪、地主进行抗租、抗税、抗债斗争。为了扩大武装，打击敌人，贺鼎元派人攻打了凉水井，生擒反动保长傅炳南，并以闪电战术消灭了黄集的地主武装，活捉了大劣绅高树声，缴获土枪 10 多支，镇压了罪大恶极的反动分子。贺鼎元还率领农会武装支援徐家庙兄弟农会，逮捕了地主武师孙豹，交当地农会处理，缴获了两支手枪。这几次的行动和斗争的胜利，鼓舞了广大农协会员的斗争意志，为发起暴动创造了良好的条件。在充分准备之后，贺鼎元派人与荆门城

高家畈农民暴动（水彩画）

关地下党组织取得联系，约定时间举行暴动，攻打县城。

1928年农历三月的一天，高家畈农协会员手持梭镖、长矛、大刀，肩扛土枪土炮，高呼"打倒土豪劣绅"等口号，抓了一些地主豪绅，并涌向国民党区团防，将团丁打得大败，缴获枪支10多条。随后在乌龟咀集合，贺鼎元宣布成立"高家畈农民起义总指挥部"，贺鼎元任总指挥，下设9个支队。同时，将捉来的地主豪绅押上主席台，当众宣布了他们的罪行，对民愤极大的7名大恶霸就地进行了镇压，并当众焚烧了缴来的地契、债契。几天后，上万农协会员在方圆五六十里范围内的荆当边界举行了大暴动，暴动队伍扛着嵌有镰刀铁锤的红旗，浩浩荡荡地向荆门城关挺进。

当暴动队伍快到城关时，接到地下党组织的通知，要起义队伍停止进攻县城。原来国民党县政府得知高家畈农民暴动的消息，便迅速纠集反动武装，调来城南的土匪大老魏和小老魏100多人枪，配合"省防军"的"清乡"队，准备"围剿"起义农民。如果起义军硬攻县城，必然遭到很大牺牲。于是贺鼎元命令队伍撤回。中共荆门县委刘继汉察觉了敌人动向，立即命令高家畈农会骨干迅速转移，分散隐蔽。城西区委一面组织疏散隐蔽，一面采取各个击破的办法，抵抗"围剿"农民起义军的反动武装。但终因敌众我寡，起义失败。有些农协会员惨遭杀害，甚至不少无辜群众也被捉去用铁丝串起来当活靶子打，牺牲十分严重。贺鼎元悲痛难忍，他继续暗中串联群众，准备重整旗鼓，挽救革命。不久，他化装成求医的病人，提着草药，冒着风险到荆当边界的周集一带寻找党的组织。途中几次遭敌盘查，他都机智地予以应付而未暴露身份。当他再次被敌盘问，正图摆脱之策，却被从高家畈到周集卖鸦片的杨宣新碰上认出，贺鼎元不幸落入敌手。在县政府的审讯堂上，他理直气壮地与敌人进行针锋相对的斗争。敌人问道："你叫什么名字？"贺鼎元反问道："你们连我姓名都不知道，凭什么抓我？"敌人又问："你是干什么的？"贺鼎元斩钉截铁地说："我是专杀你们这些贪官污吏的！"敌人听了恼羞成怒，一拍惊堂木吼道："难道你就不怕死？"贺鼎元答："共产党员就是不怕死，为了人类解放、国家的独立富强，宁愿去死，决不投降敌人！"敌人气急败坏，残酷地割了他的双耳拉出去枪杀。贺鼎元在赴刑场的途中高呼："打倒贪官污吏！打倒土豪劣绅！中国共产党万岁！"敌人又割了他的舌头。优秀的共产党员贺鼎元就这样英勇就义，时年28岁。

（周立言）

火红高家畈

——访市民政局退休老人高向雄

1928 年爆发农民万人暴动、震惊荆当远三县的那个高家畈,早已隐于漳河水库的碧波之下。

高家畈,一个不被人遗忘的历史地名。3 月 23 日上午,市民政局退休干部、荆门漳河《高家族谱》副主编、86 岁高龄的高向雄老人告诉我:漳河水库副坝向北 4 里左右,即高家畈的中心地带。

1928 年 3 月,高家畈是一片火红的大地。盛开的桃花如火,漫卷的红旗如火,梭镖的红缨如火,大刀的飘带如火。每个人心中都有一团火,和铁匠炉的炉火一起燃烧着,不断锻造出新的梭镖。

高家畈党组织着手暴动准备,把烟墩集、黄集一带的铁匠师傅都集中到这里,打造刀、矛、梭镖等武器。"梭镖亮堂堂,农友来武装,炉火烧得旺,铁锤响叮当。"农友们传唱着《梭镖歌》,炉火昼夜不停,映红了夜空，映红了天边的云。

高家畈的第一把火，是几个懵懂学童点燃的。

《红色荆门》《高家畈农民暴动》一文描述，那一年严冬，特别冷。乡村读私塾的高家畈"贺氏三雄"不忍同窗挨冻，将附近几个土地庙的木质神像都搜集来打碎，生火取暖。先生望见火堆里土地公公的残身勃然作色："是谁胆大妄为，焚烧土地神物？"贺淑阶挺身答道："是学生弄来烧的。"先生责怪道："长友（淑阶学名），土地乃本庄神物，掌握着这方人的生死祸福，如何这等造次？"淑阶说："看它们已被白蚂蚁吃去不少，自身都难保，哪还有办法去管别人？"

这一事件极具象征意义：腐朽没落的旧制度，已经千疮百孔，哪能继续为人民代言？

贺鼎元、贺淑阶和贺仲阶三兄弟，自幼有同情心，敢于担当。

高家畈的革命火种，是胡孟平播下的。

1924年，湖北省实验中学学生贺鼎元，经胡孟平介绍加入了中国共产党。1925年假期，贺鼎元回家乡先后发展了贺淑阶、雷培富、高超群等人入党，成立了高家畈党小组。

1926年，胡孟平任中共荆门县部委书记，贺鼎元主持县农民部工作，贺仲阶任高家畈支部书记。高家畈组织起农会，全县各地农会如雨后春笋般发展起来。城北大地主常幼卿企图从汉江逃往武汉，贺鼎元带人连夜赶到双河口码头上拦截，抓回监押。烟墩集大恶霸周兴元企图逃奔沙市，途中被贺淑阶抓获。

1927年6月，贺鼎元和靳吉祥、李文宣从武昌农讲所毕业，以省农协特派员身份回荆，组织荆门县农协。贺鼎元任主席，靳吉祥、李文宣任副主席。"7月，尉士筠出任中共荆门县委书记，与贺鼎元、靳吉祥、李文宣等专题研究农民问题。"（谢威《云行水流话吾师》）荆门的农民运动进入武装斗争新阶段。

"高家畈位于荆门烟墩西部，东自雷打岗，西抵界碑岭，地势平坦，土地肥沃，资源丰富，面积约 45 平方公里，12 万多亩农田，一条河流从畈中通过。河流沿途建有上拱桥、下拱桥、高桥、三步两道桥……高氏家族的大二两房在上拱桥和八个大门各建小祠堂一座，公祠田 20 多亩。"（《高家族谱》序二——高向雄《怀念故乡高家畈》）

1928 年 2 月，沈集召开了全县第二次党代表大会，刘继汉、贺鼎元、贺淑阶、贺仲阶等 25 人参加了这次会议。会上总结了农民运动的经验教训，着重研究了高家畈农民暴动的具体方案和行动计划，决定由贺鼎元、贺淑阶负责领导暴动，并派军校毕业的刘金奎、董益三协助指导。

贺鼎元指挥农友攻打凉水井，消灭黄集地主武装，缴获土枪 10 多支。逮捕地主武师孙豹，又缴获两支手枪。加上南桥农会送来的 3 条步枪，农协会员有了一批"真家伙"，暴动条件逐步成熟。贺鼎元派人与荆门城关地下党组织联系，约定时间暴动，攻打县城。

高向雄老人说："乌龟咀，民国时是荆门县第三区烟墩乡第五保，新中国成立后改名前进村。"农协会员将地主豪绅押上台，当众宣判，就地镇压了 7 名大恶霸，并当众焚烧了缴来的地契、债契。几天后，上万农协会员在方圆五六十里范围内的荆当边界举行了大暴动。梭镖如林，红旗如云，暴动队伍潮水一般涌向荆门城。

国民党县政府已经纠集到足够多的反动武装，什么"省防军""清乡队"，还有臭名昭著的惯匪大老魏和小老魏等。黑洞洞的枪炮森列城墙，攻打县城无异于以卵击石，贺鼎元果断命令队伍撤回，尽量减少无谓的牺牲。荆门县委书记刘继汉也及时传来指示，命令高家畈农会骨干迅速转移，分散隐蔽，保存革命力量。

高向雄说："暴动失败后，反动武装抄了爷爷的家，奶奶惊恐而死。父亲高向会6岁，二爹高向思4岁，躲在亲戚家幸免于难。在被'围剿'的日子里，爷爷仍然冒着风险寻找党组织，不幸落入敌手，惨遭杀害。父亲十分清楚地记得，一次深夜爷爷悄悄来到亲戚家和他见面，临别时说：'儿啊，革命不成功，我就不回来！'这也是父亲见爷爷的最后一面。"

据高家畈人、原荆门县烟墩区副区长胡安祥的了解，暴动农民被害达2100人之多。

贺鼎元被捕后坚贞不屈，大义凛然。敌人酷刑用尽，割了他的双耳，贺鼎元在赴刑场时高呼："打倒贪官污吏！打倒土豪劣绅！中国共产党万岁！"敌人又割了他的舌头。

28岁的贺鼎元，牺牲在荆门南台甬壁。

漳河水库建成后，高家畈、八个大门、高家祠堂、高家集等都在库区范围内，高家祖坟，以及高家畈暴动烈士的英灵也随之没入水底，默默守护着我们！

临别时，高向雄老人跟我说："漳河水美啊，但喝到我口中的漳河水总带有淡淡的咸味。你知道是为什么？"

高家畈暴动，献出了这一方人；漳河水库建设，又献出了这方水土。

咸，有心为感，因心为恩。《易经·咸卦》象辞曰："山上有泽，咸。君子以虚受人。"

高家畈，永不磨灭的地名！

（王君）

义军血染天星寨

　　1929 年军阀混战，各地土匪应运而生。钟祥县乐乡关的流氓头子孙发祥搜罗 400 多人，自称"族长"，横行于荆（门）、钟（祥）边界。孙发祥见仙居土地肥沃，商业比较发达，便带队洗劫仙居。走时留下 10 多人枪，由手下的无赖之徒戈万松（人称戈麻子）率领，成立"禁烟缉查处"，征收"烟税"，每人每月交银圆 10 块。当地农民不堪盘剥，便组织农民义军，并公推王介山为义军队长，搜集土枪、土炮、刀、矛等武器与戈麻子对抗。王介山带领义军冲进"缉查处"，缴获了"完纳烟税名单"，一看大多数纳税人并不抽大烟，便向群众揭穿戈麻子的骗局。群众愤怒至极，当场杀了戈麻子。为防止孙发祥报复，义军在王介山的带领下集结于天星寨，依托险要地势防守。

　　孙发祥得知戈麻子被仙居农民打死的消息后，便率土匪 200 多人攻打天星寨。由于寨内早有防备，众匪攻到半山腰啄米观嘴时，寨上滚木、礌石夹着土炮弹劈头打下，吓得土匪连滚带爬。土匪在孙发祥的督促下勉强坚持了半天，便垂头丧气地退去。半个月后，又连续进攻了两次，均以失败告终。

经过几次战斗，山寨的弹药、粮食耗量很大，必须得到补充。当时在龙泉中学读书的王超然（中国共产党党员），虽身在外地，却时刻关心家乡农民义军的斗争。当他探听到八角庙团防缴了土匪一批枪准备运回去时，便将消息告诉了王介山。王介山连夜组织力量埋伏于龙草坡截击。

次日上午，王集团防团总刘兰廷等押着挑夫、驮队疲惫地走进埋伏圈，顿时枪声大作，吓得挑夫四散逃跑，农民义军乘机突击，赶走了团丁，夺得 16 支步枪以及大批军用物资。王介山、王超然等又召集佃户宣讲抗租抗税、打倒土豪劣绅、人民当家做

天星寨革命烈士纪念碑

主等道理。大家一致同意以天星寨为据点囤积武器和粮食，准备与敌人作长期斗争，迎接红军的到来。

1931年，经党组织介绍，王超然、廖光耀等参加了红军。是年8月17日，红三军第九师师长段德昌率军攻克沙洋，21日再度占领荆门县城。一星期后挥军北上，政治部驻仙居南街，公开成立了苏维埃政府，王超然任主席，并相应建立了农民协会、妇女协会、工商联合会、自卫队等组织。在红军的支持下还组建了荆（门）南（漳）游击支队，由红军干部官大训任支队长。在苏维埃政府的领导下，仙居地区农民运动轰轰烈烈地开展起来，自卫队队长黄明升带领农会会员来到大地主段毓秀家，向他"约法三章"后，进行清算，分了他家的粮食和衣物。接着由王超然主持召开各村代表会议，总结斗争经验。于是一个打土豪、斗地主、分浮财的农民运动便迅速扩大到各村。这次斗争共清算出粮食9000多石，没收枪支200条，还收缴了大批子弹、金条、银锭。王超然等将枪支用来扩大自卫队，将部分粮食分给群众，部分储存于天星寨，以供备战。

1931年9月中旬，红军北上执行任务，留下官支队长和7名战士配合各自卫队工作。逃到荆门城的大恶霸罗祥林认为有机可乘，联络国民党二十一军（四川刘湘部）一个团，纠合县保安队武装于10月5日向仙居农民义军反扑。罗祥林带着由他豢养的一排兵力直攻狮子洞，由于洞内只住着少数义军，敌人又有叛徒引路，一开始战斗就处于被动，只得趁机撤退。尖山寨驻义军120多人，但武器弹药很少，他们凭借10多条枪和一些土炮坚守山寨，战斗从中午持续到晚上，敌人攻破山寨，义军牺牲30多人，被抓走80多人。尖山寨失守，天星寨失去了依托，官支队长便派王超然、廖光耀带领 10 多名战士转移至丁家包，以监视敌人。10 月 8 日，川军、保安队以及地主武装 400 多人倾巢出动，负责监视敌人的同志立即向天星寨报信，义军迅速做好了战斗动员和迎击准备。敌人分南、北两路包围天星寨后，先用步枪和机枪扫射，掩护步兵进攻，接着用迫击炮对准山寨猛轰。山寨火药库中弹，敌人乘势攻上山寨。义军奋起肉搏，王超白、廖先全、徐传道等 208 人英勇牺牲，王介山等 11 名干部被捕。

尖山寨、天星寨相继失守后，罗祥林将地主武装改编成"铲共团"，到处捉拿红军和农民义军兄弟，在仙居一天就杀害 30 人。后来又将王介山等 11 名义军首领和共产党员押到高禾台杀害。一连数月，仙居地区笼罩在"白色恐怖"之中，被杀害者 200 多人，惨不忍睹。王超然的父亲、伯父、叔父均遭劫难。

仙居农民义军虽然失败了，但革命者的鲜血唤醒了仙居人民。抗日战争、解放战争时期，这里是北山根据地的一部分。仙居人民节衣缩食支援自己的子弟兵，并动员自己的亲人拿起枪杆子与侵略者搏斗，使这里成为革命老区。

（罗成泉）

钱家河革命遗址

位于东宝区西北 30 千米开外的崇山峻岭中，有一处修葺一新、古色古香的明式建筑，它便是马河镇钱河村的韩家老屋。76 年前，这里曾经是中共襄西革命的重要据点。为了传承红色基因，弘扬革命精神，运用共同缔造理念，用红色文化推动美丽乡村建设，村党支部带领村民打造"红色村庄"，挖掘钱家河革命遗址，建设钱家河革命纪念馆，近 10 间房屋被改为展厅，布置了图片、文字解说和实物。

1946 年 8 月 11 日，中共中央中原局江汉中心县委召开扩大会议，会议由县委书记兼江汉支队政委黄民伟主持，江汉军区江汉支队司令员杨洪先等县委委员、中心县委所属的荆（门）当（阳）远（安）、荆（门）钟（祥）宜（城）、南（漳）远（安）、天（门）京（山）潜（江）县、京（山）钟（祥）县、京（山）安（陆）随（州）县、京（山）北县和南漳板桥区 8 个县区的党政军负责人参加。

钱河会议旧址（韩家大院）

红色钱河道路景观

会议决定将上述8个县的干部和武装力量，整合为4个县（工）委、行政委员会和指挥部。任命王克强为当远县委书记兼指挥长，李正乾为行委主任；任命廖学道为荆钟宜工委书记兼行委主任，胡恒山为副书记，章惠民为副主任，叶云为指挥长；任命吴天成为南远县委书记兼行委主任，张康民为副书记，吴树贞为指挥长；任命程少康为板桥工委书记兼行委主任。在襄河以西的荆门、当阳、远安、南漳、宜城、钟祥一带开展游击战争，在钱家河一带创建襄西革命根据地。

（何显斌供稿　张承瑜整理）

钱家河革命遗址的背景

远在安陆的江汉区江汉中心县委办公地为什么选择钱家河的韩家老屋?

因为中原突围。

一、中原突围的背景

经过 14 年的艰苦抗战,日本投降了,国民党为了独吞胜利成果,遂围攻中原解放区。为了避免内战,为了生存,中共中央命令中原解放军以及中原地区的党政军机关干部和武装力量突出重围。

1945 年 10 月 13 日,国共两党签署《双十协定》第三天,蒋介石密令"剿共"。首当其冲的是中国共产党及其领导的新四军坚持敌后游击战争收复的中原解放区。因为这里是龟缩在西南的国民党军出川到华东、华北乃至东北抢夺胜利成果的最大障碍。

1945年11月5日，中共中央主席毛泽东发表《国民党进攻的真相》指出："我豫鄂两省解放区军队，现被国民党第一、第五、第六三个战区的军队共二十几个师四面包围，刘峙任该区'剿共'总指挥。我豫西、豫中、鄂西、鄂东、鄂中等处解放区都被国民党军队侵占，大肆烧杀，迫得我李先念、王树声等部无处存身，不得不向豫鄂交界地区觅一驻地，以求生存，但又被国民党军队紧紧追击。"11月下旬，国民党正规军24个师和8个游击纵队，将中原部队主力分割在方圆不足100千米的狭窄地区，并步步进逼、严密封锁、不断蚕食、紧缩包围，使中原部队陷入绝粮断炊的境地。

为避免内战，减少牺牲，保存实力，中共决定突围，将部队转移到其他解放区。

1946年5月5日，中共中央副主席周恩来飞抵武汉与国民党和美国代表会谈，并向中原局和中原军区领导人传达了党中央关于中原解放军战略转移的决定，详细研究了转移方案。

5月10日，国共双方在美国代表的调停下，签订了停止中原战事的《汉口协议》。但蒋介石一意孤行，6月22日增兵至30多个师，将中原部队5万多人包围在方圆不足百里的狭小地区内，计划7月1日发起总攻，"48小时内全歼"。

二、中原突围的过程

6月23日，中共中央、中央军委电令中原局、中原军区：立即突围，越快越好，生存第一，胜利第一。26 日，一纵一旅伪装主力向津浦铁路以东转移，河南军区、江汉军区部队掩护主力突围，鄂东军区部队就地坚持，迷惑、牵制敌人；司令员李先念率北路军主力 1.5 万人，越过平汉铁路，向西北疾进；副司令员王树声率南路军主力 1 万人，蹚过陂河，越过平汉铁路，向西疾进，揭开了解放战争的序幕。至 8 月，中原部队突破围追堵截，歼敌 5090 人，完成了战略转移任务，策应了其他解放区。

三、江汉军区突围的落脚点

江汉军区主力由副司令员罗厚福、政委文敏生率领，从鄂东北的安陆出发策应南路军主力，后快速西进，先期越过襄河，突围至鄂西北的房县一带。

江汉中心县委书记兼江汉支队政委黄民伟和司令员杨洪先率领 1000 多人，完成掩护军区主力突围任务后，渡过襄河，7 月底落脚姚家河、钱家河一带休整。

8 月初，江汉中心县委及其所属的天京潜县、京钟县、京安随县、京北县的党政机关干部和武装部队陆续渡过襄河，落脚栗溪、盐池一带休整。

（何显斌供稿　张承瑜整理）

钱家河周边的革命

一、中国共产党成立初期钱家河周边的革命事件

1921 年，离钱家河近在咫尺的远安县茅坪场方家口，成立马克思主义理论家萧楚女发起的"五县边界乡俗改良会"，掀起了持续 4 年多的乡俗改良运动，许多骨干加入中国共产党。钟祥学生王东平还组织了农民武装"砣子队"，查抄恶霸地主财物，接济穷人，打得五县边界的土豪劣绅惶恐不安。

1922 年，离钱家河不远的石桥驿有个青年胡孟平，在武汉经李汉俊、陈潭秋、董必武 3 位中共一大代表引导，确定了共产主义信仰，成为荆门籍第一位中国共产党党员，并回乡传播马克思主义。

1923 年，胡孟平在石桥驿发展孙凤洲、杨序东、王好古等入党，建立了全荆门第一、全湖北第三个中共小组，组长孙凤洲。

1925 年，孙凤洲、王好古在钱家河附近的永盛集，发展钟升平、刘继成、赖炳林、彭琪等入党，建立了荆门第一个中共农村支部，书记王好古。

1926 年，贺鼎元等也在此地附近的界碑岭发展贺淑阶、贺仲阶、高超群、高超蓉、陈世恭入党，建立中共荆门县高家畈支部，书记贺仲阶。

二、红军时期钱家河周边发生的革命事件

1927 年 8 月，中共城西区委、烟墩区委成立，书记贺鼎元、贺淑阶。

1927 年 9 月 14 日，茅坪场爆发瓦仓暴动，成立苏维埃政府，辖区面积 1500 多平方千米，人口 12 万多人。

1928 年 4 月 25 日，贺鼎元、贺淑阶领导万余农民举行高家畈暴动，范围东自烟墩、西至漳河、北起黄集、南抵周集，方圆 60 多里。

1929 年，仙居农民王树山、王介山，在共产党员王超然的支持下，领导了天星寨农民起义，并依托磨盘山坚持 4 年，抗粮抗税、打土豪土匪、除暴安良。

1931 年 3 月，贺龙领导红三军第七、八两师，开辟荆当远根据地。4 月 13 日攻克远安，15 日攻克荆门。但攻打当阳失利，被迫重返远安。在洋坪休整后，万余红军将士经东巩北上。

红军纪律严明，所到之处秋毫无犯，远安的史书上记录了当年的歌谣："睡到半夜深，门口在过兵。婆婆坐起来，竖起耳朵听。只听脚板响，不听人作声。你们不要怕，这是贺龙军。媳妇你起来，门口点盏灯。

照在大路上，同志好行军。"

8月28日，红九师攻克盐池团防，进驻仙居，拨枪18支，派干部官大训整合刘猴集、仙居红色武装，组建荆南（漳）游击支队（支队长官大训）和仙居苏维埃政府（主席王超然），在刘猴集南戏楼隆重召开成立大会，成为荆门全市第一个公开的苏维埃政权，后发展乡村苏维埃政权19个。

9月，贺龙率部出房县经南漳到远安。13日再克远安县城。14日晚决定分兵两路，一路出花林寺再打当阳，一路出老观窝再打荆门。得知红九师已到仙居，贺龙改变计划，向东挺进。28日到达刘猴集，与红九师会师。而后渡襄河、攻钟祥、回洪湖。

红三军撤离仙居后，国民党王集团总刘兰廷纠集川军和荆门县保安团，攻破尖山寨，包围天星寨。

激战中，200多名荆南游击支队和自卫队队员壮烈牺牲，王超然、官大训等突出重围，进入南漳县东孔的大堰塘一带。攻破天星寨后，敌人又屠杀了被俘的100多人，制造了骇人听闻的天星寨惨案。

1932年4月，蒋介石调集重兵进攻湘鄂西苏区。5月，荆当游击一大队和当阳苏区失散人员，与荆南（漳）游击支队合编为荆当独立团，远安瓦仓农民自卫团、当阳观音人民自卫团闻讯加入。6月，荆当游击队掩护2000名赤卫队队员、荆门县游击队掩护300名干部撤往洪湖。7月，荆当游击三大队被编入荆当独立团。8月，荆当独立团与原转移至洪湖的干部战士，组建荆当远独立团。9月，红三军主力转至襄北，荆当远独立团就地坚持战斗。10月，洪湖苏区陷落，红三军独立师转移至荆当地区，荆当远独立团被编入独立师，创建了中共南（漳）远（安）县委、县苏维埃政府和游击纵队。

1932 年 11 月，红三军离开襄北，开始 7000 里小长征，湘鄂西苏区丧失。"中国工农红军荆当远独立团政治处"在三里岗五组王家老宅陈天然家厢房的外墙上，留下"只杀大刀会的首领，不杀大刀会的群众""团结起来"的标语。

1936 年 4 月，湖北省国民政府将钟祥县的清丽乡（栗溪）划归远安，阳舒乡（永盛集）划归荆门，并在犬牙交错的飞地设栗溪区署，置永清、文盛、公平、永定 4 乡 32 保，归属远安。

三、抗战时期钱家河周边发生的革命事件

1937 年 7 月，日本全面侵华，国共合作抗战。

1938 年 4 月，共产党员郑速燕等重建荆门县支部（后改称县委）。8 月，共产党员张芳松、黄柏青等重建盐池等 4 个党支部。10 月，湖北省委决定"创造荆当远据点"，派省妇委书记曾志等成立荆当远中心区委（后改为中心县委），统一领导荆当远及钟祥的襄河西岸地区党组织。成立荆北特别支部（后改为北乡区委），辖永盛、盐池等 11 个党支部。各级党组织在各地普遍建立农民救国会、青年救国会、妇女救国会、中华民族抗日先锋队、抗日十人团，投入抗战。

1939 年 6 月，蒋介石下令第五战区各师成立搜索队。第五战区七十七军一七九师师长何基沣，是毛泽东、刘少奇、周恩来亲自发展的中共特别党员。荆当远中心县委乘搜索队招兵之际，挑选了 80 名"民先队""十

人团"骨干去当兵，派盐池人赵武子担任秘密党支部书记。经盐池整训，何基沣任命共产党员周正为队长，配电台1部、步枪100支、机枪3挺、手枪数支，成为完全由共产党掌握且装备精良的抗日武装。后开赴襄东，整编为新四军鄂豫挺进纵队警卫连。

1940年春，荆当远中心县委、南宜保中心县委合并，成立荆钟南宜特委。特委在子陵叶家闸开会决定，一旦襄西沦陷，就近"上三山（北山、白云山、香炉山）打游击"。6月，襄西沦陷，荆门县国民政府逃到仙居刘猴集。

7月，毛凯率警卫连（原一七九师搜索队）返回襄西，随返的赵武子召集永盛集、伍侗、邱店、红岩、盐池、夏店党支部书记章世豪、章桂芳、彭焕章、王向立、王茂林、孙玉洲和党员刘向荣、伍春芳开会，成立中共荆北特别区委，统一领导荆北地区的对敌斗争。

1940年9月，毛凯以警卫连为基础，整编党领导的襄西抗日武装，成立襄西独立团。年底，成立中共襄西地委、行委和指挥部，襄西抗日根据地正式建立。

1941年4月，毛凯以襄西独立团为基础，成立五师十五旅。至抗战结束，十五旅时而集中，时而分散，与敌伪顽周旋于江汉平原，发展地方武装19个团，收复了西起当阳、北抵钟祥、东至汉阳、南达长江的2万多平方千米国土，成为江汉平原的抗日劲旅。

1942年3月，蒋介石调4个师、1个纵队围困襄西根据地。日伪军趁火打劫，扫荡、蚕食襄西根据地。豫鄂边区委和五师师部决定襄西党政军机关和十五旅转移至襄东，区乡干部和中队武装也调往襄东。10月，宁玉庭、叶云成立荆当钟中心县委和襄西支队，坚守襄西。

1943 年 5 月，襄东主力回师襄西，恢复襄西根据地。7 月，荆当钟中心县委改为襄西中心县委。

1944 年 2 月，襄西指挥部和襄西政务委员会成立，领导巩固、扩大襄西的根据地，直到日寇投降。

四、重庆谈判后钱家河周边的坚守

1945 年 10 月，为落实《双十协定》，襄西中心县委除留下少数人员坚守北山根据地外，党政军干部战士全部主动撤往襄东，在安陆组建中共中央中原局江汉区江汉中心县委和江汉军区江汉支队。

1946 年 1 月和 3 月，国民党对北山根据地实施了两次"万人大清剿"。刘建章、段玉美等依靠群众，凭 8 支手枪、22 支步枪，拖得敌人疲惫不堪，保住了根据地。江汉军区突围部队没有非战斗减员，得益于北山钱家河周边提供了休整中转和物资补给的便利。

在前后 25 年中，中国共产党在钱家河周边领导革命，拥有武装割据的红色区域、"两面政权"管辖的外围地区和遍布红色支点（堡垒户）的白色区域，回旋余地大、物资来路活、隐蔽点线多、信息传递快，能在艰难情况下，保存发展自己，孤立打击敌人，是江汉中心县委和江汉支队的"娘家"。

（何显斌供稿　张承瑜整理）

钱家河会议的影响

中原突围到钱河、姚河、栗溪、盐池一带的干部战士，结束了被动地疲于奔命，开始主动地谋求发展，奔赴荆当远、荆钟宜、南远、板桥四地，开展游击战争，建立了襄西革命根据地，也策应了中原军区主力和江汉军区主力突出重围。

1946年8月下旬，先期到达鄂西北的江汉军区突围部队约6000人，与中原军区南路突围部队4000多人在房县胜利会师。成立鄂西北区委、军区和行政公署，组建4个军分区，分散开展游击战争。

其中，第四地委、行署和军分区，李人林任司令员，刘子厚任书记兼政委，活动范围为长江以北，襄河以西，包括荆门、当阳、远安3县全部，南漳、保康、钟祥、宜城、宜昌、枝江、宜都、江陵等县的部分地区。下辖荆当远中心县委、荆钟宜县委、南远县委。襄西根据地成为鄂西北根据地最为重要的组成部分。

9月初，国民党正规军进攻荆钟宜县委所在地栗溪，叶云、章惠民带领一个排向永盛集穿插，牵制敌人；廖学道、胡恒山带机关干部向铁坪转移。9月10日下午，叶云所部在西山花子岭被国民党军1个营包围，突围时，17名战士牺牲，叶云身负重伤。章惠民将叶云隐蔽起来，入夜背到栗溪开明绅士刘文轩家疗伤，后相继转移到西山高尚志、百大庙孙钦成、子陵铺段道全三家隐蔽治疗，最后送到宜昌圣母堂医院治疗。

送走叶云后，章惠民几经辗转在东巩找到黄民伟，奉命带1个排和部分干部到姚家河一带打游击；廖学道则在栗溪、铁坪一带坚持。花子岭战斗结束后，敌人在荆门城关召开"庆功"大会，吹嘘"打死共军支队长叶云"，将其头颅悬挂在东门"示众"。但叶家闸的几个群众抵近观察发现，悬首示众的头颅脸上没有黑痣，"叶支队长没有死"的消息才秘密传开。

9月23日，盐永中心乡政府和20多人枪的区中队成立，赵武子任乡长兼区中队长，孙玉洲任副乡长兼区财委，王义山任中队政指，赵海清任副乡长兼副中队长，在葛沟一带东向北山根据地接近，西向栗溪发展，建立连接北山与西山的交通枢纽。

10月30日，江汉支队郭参谋长率一个排来到葛沟一带，配合区中队奇袭永盛集，一举击溃了文盛乡公所，捣毁了敌炮楼。

与此同时，国民党调集5个整编旅合围鄂西北根据地。

因连续作战，补给困难，鄂西北军区伤病员无处安置，主力减员过半，根据地范围日益缩小，军区和4个军分区领导机关，先后撤到荆当远地区。加上王树声高血压发作，无法继续指挥。

1947 年 2 月 4 日，经中央同意，鄂西北区党委在远安老观窝召开会议，决定主力和 4 个军分区的部队转移到外线作战。第四地委、军分区、荆当远中心县委和游击大队原地坚守。同时决定王树声、刘子久、文敏生、刘子厚等首长，化装转移到华北解放区。

荆当远根据地成为鄂西北唯一幸存的根据地。荆当远中心县委承担了护送首长化装转移的任务。为安全护送首长，县委书记王展和北山工委丁锐、段玉美对隐蔽地点、护送人员和路线、穿着食宿、活动经费做了精心安排。

2 月 5 日晚，县委副书记兼指挥长王克强带领一个排和手枪队，护送刘子久、文敏生、刘子厚，出老观窝经么店渡过漳河，由王展、丁锐和荆当远游击大队副大队长章惠民接回荆东，隐蔽在牌楼岗大栗树湾王运美家。段玉美通过统战朋友皮家集汉流大哥全楚彦和国民党盘石乡乡长姚明阶的关系搞到通行证。3 位首长被分两路护送到汉口，经逐平、安阳，到达华北解放区。

2 月 13 日晚，鄂西北军区参谋长张才千派王展、章惠民、安琳生、崔银茂护送王树声渡过漳河，到达苏黄家垸隐蔽。14 日晚，经掇刀飞机场、杨树港到革集孙海清家隐蔽，后相继转移至牌楼的任国钧家、子陵的蔡先耀家、段家冲的段玉英家隐蔽治疗。段玉美派共产党员胡传汉化装成商人先行探路。他到应城先联系上地下交通员、老红军鲁文成，通过鲁文成与汉口地下党取得联系；又到应城蔡和记药店找安琳生的岳父，进而找到地下党员胡镇山，通过胡镇山弄通行证。返回时胡镇山随返接应。两人乘汽车绕道十里铺下车，步行两天回子陵。

3 月初的一天，王树声的病情经民间偏方治疗得到稳定，段玉美便安排老共产党员万仙山带足盘缠与胡镇山启程护送。王树声化名张厚生，骑着毛驴，安琳生扮成伙计，当日夜宿沙洋。次日清晨，乘木船渡过襄河。在罗汉寺见路边停有一辆联合国救济总署的卡车，胡镇山上前与司机攀谈，得知卡车即将空车返回汉口，便送上银圆请司机帮忙。4 人乘坐卡车到天门的皂市下车。安琳生又拦了一辆拖木炭的商车，到应城的龙王集下车，化名余秉熹，独自先行。胡传汉、胡镇山、鲁文成雇轿子，将化名为刘兴茂的王树声护送到汉川的垌冢，乘木船经刁叉湖护送到汉口。汉口地下党派人与安琳生一同护送王树声经上海到日照，到达山东解放区。

中心县委按照王树声的指示，陆续收容了鄂西北区委及另 4 个地委的机关干部、伤病员，掉队的和打散的干部战士。为北上的 1800 多人、南下的 1400 多人补充了给养，将 100 多名团以上干部护送到解放区，200 多名营以下干部护送到荆南、荆当、沙市、江南隐蔽，帮助 1400 多名战士、伤病员就近隐蔽、治疗，为党保存了大批骨干。刘子久曾任劳动部副部长；文敏生曾任邮电部部长；刘子厚曾任国家计委副主任；王树声曾任国防部副部长，新中国成立后位列十大将军。

为了解决收容、隐蔽、安置、护送经费，根据地军民省吃俭用，到敌占区拦截敌人车船，北山工委奔袭敌陈王集乡公所缴获银圆 5000 块，荆南工委也筹集到银圆 4000 块和一批批物资。

1947 年 3 月，章惠民带荆钟宜游击大队到东巩，与鄂西北军区副司令员刘昌毅所部会合。鄂西北军区副司令员刘昌毅与副司令员罗厚福所部和江汉支队黄民伟所部失掉了联系。刘昌毅决定派出 5 个组分头寻找。廖学道奉命到南漳、远安一带寻找，被敌跟踪。国民党远安县县长周上璠密令栗溪乡乡长张亚柏"严密防剿"。张亚柏派自卫大队队副郭光瑞带1挺轻机枪、30多支步枪,驻扎周家湾堵截。

4月3日深夜,廖学道一行5人经白仓、西庄庵抵达木马岭秘密落脚点赵大万的家。此时赵大万已投靠国民党永清乡公所,他"热情"招待老首长后,送到三面悬崖的山坳宿营,随即向郭光瑞告密。4日拂晓,山坳枪声大作,刚刚入睡的廖学道及两名战友当场牺牲,警卫员被俘后活埋于赵畈。

1947年5月20日,王展奉江南游击纵队司令员张才千之命,到南漳县接受任务,途经黄家集遭敌袭击,不幸牺牲在观音山。5月22日,副司令员罗厚福率部在南漳县东巩地区与张才千、李人林领导的江南纵队会合,后改编为"中原独立旅"跃进大别山。荆当远中心县委与上级失去联系,北山工委书记丁锐,委员段玉美、从克家、王子才勇敢承担起独立领导的责任,坚守北山根据地,直至全国解放战争转入战略反攻。

1948年1月4日,江汉军区第四分区副司令员黄德魁率部挺进襄西,章惠民负责接应。7日,首战盐池,活捉国民党刘猴集、仙居、盐池3个乡公所乡长游瑞芝、曾雅卿、苏少白及以下100多人,捣毁盐池老庙、新庙的3座炮楼,击溃增援的荆门县保安队。

1948年1月10日,黄德魁率部与北山工委会师,成立襄西工委、襄西支队和荆钟宜县工委、政府。10日,与北山工委会师,成立襄西工委、襄西支队和荆钟宜县工委、政府和指挥部。7月,荆钟宜县分为荆钟县、荆钟宜县。荆钟宜县辖栗溪、盐池、巡检等区。不到半年,仅盐池区就缴敌区、乡、保、霸、匪武器200多支。县委抽调人枪充实栗溪区（书记胡传汉，区长伍春芳，副区长王敏，指导员王义山，中队长刘强），抓获了国民党栗溪区区长代楚英，栗溪、文盛、盐池三乡乡长张亚柏、钟小洲、胡庆云和土匪头子吴海龙，横扫了土顽和地头蛇，迎来了荆门解放。

（何显斌供稿　张承瑜整理）

北山革命根据地的烽火岁月

北山革命根据地位于湖北省荆门市境内的东宝区和钟祥市交界处，东起汉江，西至秦楚古道荆门段，南抵荆（门）—潜（江）公路边沿，北到东宝区与南漳县境内交界。以荆山余脉一带为核心，总面积约260平方千米。因以石桥驿东南的北山为革命活动中心，故而得名。

北山革命根据地是在董必武、李先念、贺龙等老一辈无产阶级革命家的关怀下建立起来的，此后党政军民同心同德，前赴后继，坚持了26年的武装斗争。这里山峦起伏、沟壑纵横、地形复杂、山势险要，有利于军事斗争的分散、隐蔽、回旋和游击。同时，这里俯瞰江汉平原，遥望洪湖、武汉，据守襄西门户，扼控荆州、襄阳，历来是兵家必争之地。

早在大革命时期，这里便是荆门第一个共产党党组织诞生地；土地革命时期，荆门的党组织在这里组织农民暴动，进行了武装夺取政权的尝试；抗日战争时期，这里的人民在中国共产党的领导下，组织游击

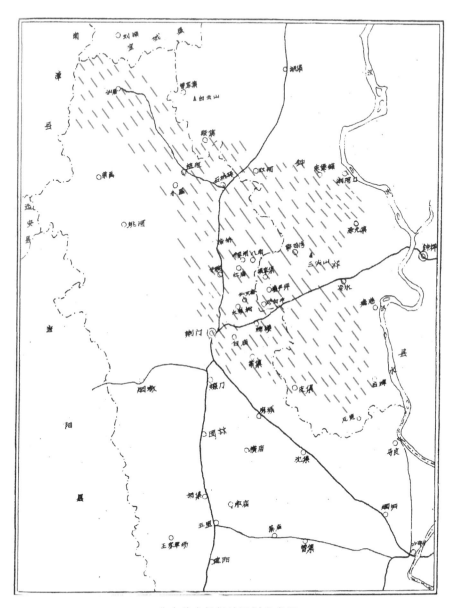

北山革命根据地区划示意图

队与日军浴血奋战，杀伤和牵制了大量的敌军；解放战争时期，北山人民积极开展武装斗争，牵制国民党反动派大量兵力，击退国民党六次

新四军五师、豫鄂边区授予北山根据地的锦旗

"围剿",并为解放军打过长江筹集军饷物资作出了重大贡献。在长期的革命斗争中,这里形成了一块"群众基础好,人民觉悟高,革命不断线,红旗永不倒"的红色区域。解放战争时期,江汉军区党委给予"北山人民坚持有功"的评语。1981年9月,原武汉军区司令员张才千同志在《回马汉江,重叩荆门》一文中称:"荆门北山是自大革命时期起一直坚持下来的红色堡垒。"1981年1月,这里被批准为"北山革命根据地"。

一、群策群力,众志成城

北山牢牢依靠广大人民群众,发动群众、动员群众,齐心协力、集中民智,同敌人开展武装斗争。

北山革命根据地是土地革命时期由贺龙创建起来的。1931年8月,贺龙率领红二军团攻克沙洋之后,一路北上向襄西发展,其中由段德昌率红九军进驻北山革命根据地，政治部设在下胡家集古正元茶馆。段德昌组织召开荆钟两县交界地区党组织负责人会议，宣传武装斗争、党的建设、土地革命的任务和要求。为加强党的建设，适应土地革命的任务和要求，建立和发展地方武装力量，经段德昌批准，留下红九师一部做骨干，与地方党组织共建荆钟红军游击大队。红九师向北山游击队赠送一批武器，由吴觉民任大队长，吴正东任副大队长，廖东汉为班子成员。游击大队以下胡家集为中心，活动在荆钟公路、襄沙公路两侧及双河口和利河口以南、冷水铺以西，辖方圆近百里的群山及丘陵地区。游击大队很快发展到百余人枪，成为一支配合红军主力作战、打击敌军、镇压匪首、保卫苏维埃政府的坚强武装力量，并将钟祥襄河以西的文集、冷水、石牌、皮集、贺集、牌楼、黄家集、吴家集、周家集、革集等地统一组成了一个大区，即钟西区，下胡家集亦被称为"小洪湖"。

1945 年底至 1946 年初，北山地区处于极度艰苦的坚持时期。国民党蒋介石悍然集结重兵 30 万进攻中原解放区，内战全面爆发，北山也随之进入了坚持时期。刘建章率北山大队余部 30 多人，仅有手枪 8 支、步枪 22 支，担负着参与 3 次反"围剿"和保护、转移干部的重任。

第一次反"围剿"于 1946 年 1 月 16 日打响。国民党驻襄西第六绥靖区派出一个营，配合钟荆两县"剿共"总司令刘黎辉及钟荆两县的王怀远、李伯泉保安大队和北山四周 10 多个乡公所武装，再加上 150 多个乡保组织的地方民团武装，共计万人，"围剿"北山革命根据地。条条路口设卡，个个山头设哨，梳篦清乡，烧杀掳掠，无恶不作。在北山坚持斗争的 30 多人化整为零，便衣隐蔽，与敌周旋，七天七夜，无影无踪，敌人无奈，夹尾离去。

北山革命根据地一部

1946年3—4月间，国民党又出动正规军加上地方武装近万人，再次"围剿"北山革命根据地。他们逢人就抓，见人跑就开枪，日夜盘查、搜山、熏洞。北山军民在党的领导下，与敌周旋半月之后，拖得敌人疲惫不堪，撤离北山。

第三次反"围剿"在1946年秋。穷凶极恶的国民党第七十五师驻荆部队在北山周围设据点，频频作战，斗争异常严酷。敌荆门"剿共"总队副司令杨春芳联合钟祥保安大队长王怀远，兵分四路进入北山内地，驻扎郭刘湾、曾家棚、廖家湾、余罗嘴、孔家山、艾家山一带各大村庄，设立据点"驻剿"。并强迫亢家冲、尚家冲、范家岭等各小村庄的分散农户下山集中居住，企图隔绝困死游击队。还实行白天搜山、晚上查户，五户联保、十户连坐、一户通共、全村同罪的高压政策。团结乡民主政府乡长王复初被敌八角乡乡长李伯泉包围，突围时不幸牺牲。敌人"驻剿"一个星期后撤离大部队，但贼心不死，变换为拉锯清乡的手法，分别由冷水铺、八角庙、尤家集、利河口等敌乡公所轮番进山，又连续"围剿"7天才罢休。

北山游击队在艰难的岁月中度过了坚持阶段，并出色完成了转移护送鄂西北区党政军首长的重任。1947 年初，蒋介石调重兵对鄂西北"围剿"。鄂西北区党委决定，除留下少数部队就地坚持斗争外，主力分路向外线转移。鄂西北区党委书记兼司令员王树声、党委副书记刘子久、文敏生和党委委员、第四地委书记刘子厚等一大批党政军领导干部陆续转移到北山隐蔽，化装北上到各解放区。鄂西北区党政军县团级以上领导干部 100 多人，从北山安全回到解放区。

抗日战争胜利后，国民党反动派为了彻底消灭北山的中共党组织和人民武装，在襄西主力部队撤离后，不断对北山根据地进行侵犯、蚕食，杀害根据地干部，抢掠人民财产。北山根据地军民在上级党组织的领导下，坚持斗争，成为襄西人民心目中一面不倒的革命红旗。

二、英勇顽强，不怕牺牲

北山革命根据地发扬不怕牺牲的英勇气概，在非常艰苦的条件下同敌人作斗争，用鲜血和生命粉碎敌人三次"清剿"。

1946 年 1 月 16 日，国共双方签订下达的停战令墨迹未干，国民党第二十六集团军总司令周岩派出 1 个正规营，纠集荆门、钟祥两县的保安大队和北山周围的 13 个乡公所武装，计 3000 多人，并蒙蔽、威胁北山外围的群众，强迫每户派出一名壮丁，手持大刀、土枪，自带 7 天干粮，组成民团 6000 多人，向北山根据地发动残酷的第一次"万人大清剿"。"清剿"队伍沿襄河以西，襄（阳）沙（市）公路以东，利河以南，皮集、革集以北，排着横队向北山地区搜索前进。个个山头置哨，条条冲口设卡，挨家挨户盘查，昼夜搜山熏洞，反复"梳篦"，杀害干部群众，毁坏村庄，抢掠财产，妄图踏平北山，把人民武装一网打尽。留在北山坚持斗争的 30 多名党政干部和武工队员，紧紧依靠人民群众，面对兵力数百倍于己的敌人，化整为零，巧妙应战，自卫还击。他们将武工队分成 3 支小队打游击战：一支在北山山内隐蔽于群众之中，带领群众坚持斗争；另外两支钻到山外袭击国民党的乡公所、据点和小股敌人，避强击弱，使敌人后方不得安宁。武工队把这种打法叫作"换防战"。敌人在北山"清剿"数日，处处扑空，疲惫不堪，后方又出现了"共军"，只得被迫撤出北山，慌忙赶回老巢"救火"。北山军民取得了第一次反"清剿"的胜利。

1946 年 11 月，国民党整编第七十二师第十五旅 1 个营和国民党荆门县自卫总队及钟祥县保安大队等地方反动武装 3000 多人，并胁迫数千群众，再次对北山根据地进行"万人大清剿"。当中共北山党组织从统战朋友那里获得国民党正规军及荆、钟两县地方武装要对北山进行"清剿"的消息后，及时组织干部群众做好撤离、隐蔽工作。

国民党兵分四路进军北山，分别将兵力驻扎在郭刘湾、曾家棚、余罗嘴、孔家山、艾家山等村庄，以山内区为重点进行"驻剿"，妄图割断北山党组织、游击队与人民群众的联系。另外，他们强行把亢家冲、尚家冲、范家岭、曾家台等村的群众赶到山下居住,扒毁了老百姓的锅灶,妄图围困和饿死中共北山干部和游击队员。

国民党军在"驻剿"期间,白天"清剿",晚上查户,见山就搜,见洞就熏。北山大队副大队长白永凯因腿长疮,不能行军,同妻子张明一起隐蔽在山洞里。由于叛徒告密,国民党军用辣椒粉熏洞,白、张两人难以忍受,出洞后被敌抓走。

北山游击队成立地旧址

国民党军在山内区不仅对村干部抄家抢劫,把家属抓去拷打,威逼交出其亲人下落,送乡公所坐牢罚款,还对群众采取"五户联保,十户连坐",凡查出一户"通共匪"者,即全村同死等一系列罪恶手段。在敌人的残酷镇压和威胁利诱下,转移到北山的中共荆南乡干部陈士林、詹有礼和北山大队通讯员罗传珠拖枪叛变投敌。他们天天引导敌人"追剿"北山党政军干部，使北山斗争形势更加险恶。

国民党军的残酷镇压，更加激起了北山军民对敌人的仇恨，更加坚定了反"清剿"的斗争意志。北山人民主动为中共党组织和游击队站岗放哨，侦察敌情，运送粮食，隐蔽干部，护理伤员。潘胡邓家庙陈玉莲为了保护人民子弟兵和党的干部，忍受敌人的严刑拷打和坐水牢。国民党反动派用枪口对着她的胸膛，并绑走她的丈夫和母亲，她仍守口如瓶，保守秘密，不暴露革命干部和游击队的行踪。

面对强敌的残酷"清剿"，北山党组织利用北山山连山、地域广和具备坚实群众基础的有利条件，将游击队分成两支。一支队伍在山内分散隐蔽，埋伏在各个险要的山头上，当敌人出动"清剿"时，游击队时而东边打枪，时而西边打枪，不断与敌人周旋，牵着敌人鼻子转，使敌人到处碰壁。北山军民称这种打法为"梅花式"战术。另一支开到山外敌人后方，贴近敌人隐蔽下来，找时机袭击敌人据点，打击零星和小股国民党军队，使敌人虚实难辨，首尾难顾。北山军民称这种打法为"贴烧饼"。在北山军民巧妙的袭扰打击下，国民党正规军和地方反动武装只好草率收兵回巢。随后，北山工委及时开展除奸清匪斗争，镇压了坚决"反共"的敌乡长、乡民代表、保长和叛徒朱鹤峰、钟守官、陈士林、詹有礼、罗传珠8人，宽大处理了一批立功赎罪的人。北山军民获得了第二次反"清剿"的胜利。

三、服务大局，乐于奉献

为了配合"中原突围"大局，北山革命根据地不惜代价，牺牲局部利益，保护了大批优秀干部，为革命成功提供了坚强的干部保障。

1946年12月，国民党湖北省政府在给国民党中央政府要求补助"反共"经费的电文中声称：自李先念部于本年7月间开始"西窜"起，除国军击溃及俘获外，散在鄂西北者约5000人，近日"散匪"又集达万人，"窜踞"区域日趋扩大。电文将襄西之保康、南漳列为"匪窜扰最烈者"，将钟祥、江陵、荆门、宜城列为"匪扰害较烈者"，将远安、当阳列为"匪滋扰者"。自12月起，国民党蒋介石以其嫡系部队、整编第六十师师长宋瑞珂为鄂西北地区"清剿"指挥官，集中5个正规旅、3个保安团的兵力，由分区"清剿"改为由西向东、由北向南"全面清剿"。由于敌情严重，中共鄂西北区党委、行政公署、军区机关、警卫团和第七团向南转移。转移途中，在保康车峰沟遭敌伏击，受到一定损失，七团伤亡、失散100多人。

1947年2月4日，鄂西北区党委在远安县城以东的老观窝汪氏宗祠（今茅坪场老观村）召开紧急会议。会议认真分析了鄂西北地区的形势，一致认为，自中原军区南路军和江汉军区部队突围到鄂西北以来，在鄂西北坚持斗争达半年之久，牵制了大量敌人不能北调，有力地支援了各解放区兄弟部队的作战。鉴于鄂西北地区山高人稀、地瘠民穷、部队难以生存等情况，为了保存有生力量，继续牵制敌人，根据中共中央和中原局的指示，鄂西北区党委决定采取内线坚持与外线作战相结合的斗争方针，除留少数部队原地坚持外，鄂西北军区主力部队分别转移到外线作战，同敌人打大圈子。并决定将身体不好的鄂西北区党委书记、军区司令员兼政委王树声，区党委第一副书记兼军区第一副政委刘子久，区党委第二副书记兼军区第二副政委文敏生，区党委委员刘子厚等领导报请中央同意后，化装转移到华北解放区。后中共中央和中原局立即批准鄂西北区党委的决定和部署。转移鄂西北区党政军主要领导干部和县团以上干部到外地，安置、隐蔽营以下干部和收容被打散的零星部队等任务，交给中共北山工委，由中共荆（门）当（阳）远（安）中心县委书记王展负责领导完成。

2月5日晚，刘子久、文敏生、刘子厚一行，在王展和中共北山工委书记丁锐的护送和一个武装排的掩护下，从远安老观窝出发，经松茅店、么店渡过漳河，向北山行进。刘子久、文敏生、刘子厚安全到达北山后，经王展、丁锐和负责地下工作的北山工委委员段玉美认真研究，决定由段玉美负责将刘子久、文敏生、刘子厚安排到牌楼岗隐蔽休息。

刘子久、文敏生、刘子厚隐蔽休息期间，北山工委为了保证他们3人的安全，决定分两次护送他们到汉口。与此同时，北山工委通过统战朋友皮家集汉流大哥全楚彦和国民党盘石乡乡长姚明阶的关系，从国民党区公署搞到了通行证。刘子久、文敏生、刘子厚隐蔽休息数日后，先由全楚彦将刘子久接到姚明阶处，再由全楚彦护送，经沙洋安全到达汉口。接着段玉美安排以开办花线粮行作掩护的老共产党员杨厚卿护送化装成商人的文敏生、刘子厚，经钟祥段家集、双河口，于2月14日到达沙洋。次日凌晨，雇一小船抵达仙桃镇。当晚由杨厚卿买好船票，于2月16日黄昏乘船抵达汉口。3人到达汉口后，由汉口地下党组织派人护送到华北解放区。

2月13日，王展带领江汉军区手枪大队队长安琳生和王树声的警卫员崔银茂等5人，护送王树声往北山。当日夜晚，王展等仍从么店渡过漳河，于14日拂晓前到达观音寺附近的苏黄家垸隐蔽休息。因天黑如墨，伸手不见五指，沿途只好摸索前进。经荆门掇刀，穿过襄沙公路，沿杨树港小河向东北方向前进，于黎明前顺利到达北山工委在革集建立的秘密联系点。不久，北山工委考虑到革集距荆门县城不远，为了安全，将王树声、安琳生、崔银茂转移到比较偏僻的段家冲段玉美姐姐家隐蔽休息。

随后，段玉美派共产党员胡传汉去应城与地下党员胡镇山取得联系，胡镇山在安琳生的哥哥（在国民党军队里任科长）那里办好王树声去汉口的通行证。接着，胡传汉、胡镇山一同来到荆门子陵，向段玉美汇报并介绍了鄂中一带的敌情，最后研究决定，王树声化名张厚生，身份为老板，安琳生化名刘义发，身份为伙计，崔银茂留下另作行动打算。王树声由共产党员万仙山、胡镇山和安琳生护送，经沙洋、皂市到应城，然后设法到达汉口。

3月初的一天，王树声等从段家冲出发，夜宿沙洋。如何去应城？胡镇山提议设法搭乘联合国救济总署的汽车。次日清晨，王树声等4人混出沙洋城，来到一个临时车站等车。当一辆印有联合国救济总署标记的带篷卡车开来时，胡镇山赶紧上前拦住车，并向司机和两个押车的士兵送上银圆。他们一见白花花的银圆，二话没说，便让王树声一行上了车。王树声一行经皂市，在应城龙王集附近的雷家巷车站下车后，分为两路，前往潘家集。此时，安琳生利用在家乡的关系，弄到两张身份证，王树声易名为刘兴茂，安琳生改名为余秉熹。为防熟人认出安琳生，决定分赴汉口。安琳生请家乡曾任党的秘密交通员多年的老党员、老红军鲁文成护送王树声先赴汉口。随后到达的安琳生在汉口的地下党组织联络站顺利联络上了王树声。王树声在汉口地下党组织的护送下，经上海、江苏浏河等地，安全到达山东日照，回到了晋冀鲁豫解放区。

王展领导北山工委护送鄂西北区党政军主要领导人转移不久，鄂西北各地党政军领导干部及其带领的部队，也陆续来到北山。王展和北山工委首先面临的是保护并抓紧转移县团以上领导干部到外地的任务。为此，王展领导北山工委和各秘密联络站，通过党在国民党统治区的地下组织，利用各种社会关系，办理好了通往敌占区的证件，并准备好了旅途费用和衣物，派秘密交通员将他们安全护送出境。经过努力，相继将鄂西北军区副政委韩东山等 100 多名县团以上领导干部安全转移，经武汉、上海等地到达华北解放区。对此，张才千（其时任鄂西北军区参谋长、新中国成立后曾任中国人民解放军武汉军区司令员）在他的《江淮河汉纵横驰骋》一文中写道："在这里，我不能不以崇敬的心情回叙一下北山党组织和王展同志。在坚持鄂西北斗争中，有一块隐蔽在地下的红色根据地。它位于荆门、钟祥交界之三尖山附近，是长期战斗在白色恐怖下的钢铁堡垒。1946 年底至 1947 年春，在荆（门）当（阳）远（安）中心县委书记王展同志的领导下，这里负责转送了 100 多名县团以上的各级领导干部，安全通过了蒋管区，回到了解放区和毛主席身边。他们的卓越贡献，赢得党和人民的无限崇敬和信赖。"

自鄂西北军区主力部队分路先后转到外线作战后，留下坚守的部队和各地方武装及游击队中被打散的部队、掉队人员、伤病员陆续转移到北山，前后近千人，其中营以下干部有 200 多人。面对这些干部和部队的收容、安置、隐蔽、转送的繁重任务，王展和北山工委及军民坚决执行了王树声在北山隐蔽时对王展和北山工委作出的"北山是老革命根据地，你们要充分发挥老基地的作用，做好收容、隐藏和转送工作，要与留在鄂西北打游击的刘昌毅（鄂西北军区第一副司令员）、罗厚福（鄂西北军区第二副司令员）取得联系，在他们万一困难时，要设法掩护他们。希望你们克服一切困难，完成艰巨任务"的指示，使收容、安置和隐蔽、转送的各项工作做得井然有序。

王展和北山工委将工作任务分为三个方面，由专人负责领导实施。丁锐负责物资供应、安全保卫、敌情侦察，段玉美负责营以下干部的隐蔽和转送，王展负责全面组织领导和部队的收容、安置。要妥善安置所有到达北山的部队、干部和伤病员，首先面临的是物资给养、生活费用和转送费用及办理通行证的困难。为此，王展和北山工委采取了三条措施：一是北山各级党组织的武工队员，冒着生命危险，深入敌占区、敌据点征收税款，向反动首恶分子罚款，袭击敌军车、船只，筹集经费物资。1947 年 2 月下旬，北山工委书记丁锐带领武工队奔袭国民党钟祥县陈王集乡公所，活捉恶霸地主、联保主任杨治鄂和杨治湘、杨治邦三兄弟，获得罚款 5000 银圆。之后，放回杨治鄂、杨治湘，处决了双手沾满人民鲜血的杨治邦。这次罚款为北山工委转移、护送干部发挥了重要作用。二是动员人民群众支援子弟兵，想方设法省吃俭用，将筹集的资金送到部队。仅荆南地区人民群众一次就送到 1000 银圆。三是北山工委通过有关人员向统战人士募集钱物和办理通行证。通过上述措施，北山工委有效筹备了急需的资金和物资。

当一批批部队和干部及伤病员陆续到达北山时，王展和北山工委立即区别不同情况，将他们分别妥善安排。收容、安置后的部队，有的应其要求，被编入北山游击队；有的被送走归队，使他们从部队来得高兴、走得愉快；有的通过地下党组织和统战关系，为他们安排定居点和公开的职业。被安置的鄂西北军区刘玉亭排长说："在鄂西北军区主力部队转移后，我们这支队伍天天遭到敌人的'围剿'，到处无法立足，只有到了北山，我们才真正感到安全可靠，温暖如家。"

四、锲而不舍，坚持到底

北山在艰苦的革命斗争中孕育了锲而不舍、坚持到底的精神，不达目的不罢休的斗志，这是我们的宝贵财富。1947 年 5 月中旬，领导北山工委坚持斗争的荆当远中心县委书记王展奉中原游击纵队司令员张才千之命，从北山出发，到南漳县中原游击队驻地接受新任务。途经荆门县黄家集时，遭到国民党保长陈香庭带领的保丁突袭，腹部中弹而不幸牺牲。此后，北山工委与上级党组织暂时失去联系。加之鄂西北军区主力部队撤出鄂西北地区，此时的北山处于孤悬敌后的困难境地。在这关键时刻，北山工委于 1947 年 5 月下旬，在山外区的解家坡（今荆门市子陵铺镇幸福村）召开会议。丁锐、段玉美、从克家、王子才、许超和来到北山准备转移到外地的县团干部李蔺田参加了会议。会议对以何种方式坚持北山斗争进行了讨论，提出两种意见：一是继续按照武装斗争与合法斗争相结合的方式坚持斗争；二是不留武装，将枪支埋藏起来，完全转入秘密斗争。会议坚持实事求是的原则，最后决定执行第一种意见，这样既能保存北山革命根据地和大多数干部，又能保障北山人民生命财产的安全。会议曾建议李蔺田接替王展领导北山坚持斗争，因李是奉命经北山转移的干部，不久即将转移到外地，许超也将去江南隐蔽，故会议最后决定，仍由丁锐任工委书记，段玉美、从克家、王子才为委员，继续领导北山坚持斗争。

解家坡会议后，北山工委在与上级党组织失去联系的情况下，团结、争取各种社会力量，将武装斗争与合法斗争紧密结合，率领北山军民顽强屹立于敌后。

一是减轻人民群众的负担，维护人民群众的利益。北山工委在山内区实行减免公粮和捐税，除征收极少的公粮外，其他一切捐款全免；在山外区不征收粮、款，一切捐税全免。同时，在国民党统治区组织群众抗粮、抗税、抗丁、抗夫，与国民党进行"合法"斗争。如遇国民党抓丁厉害时，北山党组织即向反动乡保长提出警告，使其不敢为非作歹。有时国民党抓丁、抓夫和向群众强迫征收田赋、捐款时，北山工委就派出游击队突然袭击和拦截，把群众营救出来，夺回财物，送还群众。

二是以共产党员为骨干，吸纳当地批蒋积极分子参加，组织批蒋"十友会"和反蒋"十人团"组织。北山工委先后在杨家榨、巴家林子、安家墩、胡家集、孙家店子、子陵铺等地组织成立"十友会"和"十人团"，成员发展到近千人。从克家还当上了反蒋"十友会"的"大哥"。有的会员为共产党员做了大量的工作，如隐蔽人员、监视坏人、侦察敌情和配合游击队袭击敌人等。

三是争取国民党乡保人员，发展两面政权。在争取工作中，北山工委采取能争取过来的则争取，能使其中立的则使其中立，争取不过来又不能使其中立的，则给予打击的政策。在具体方法上，采取请来谈话、上门说服和写信劝告等。由于北山工委正确运用党的统一战线政策，不但巩固了老关系，还发展了新关系，使北山周围国民党的13个乡公所中，有4个被北山工委完全控制，8个中立。这些建立两面政权的地区，表面上是国民党的白色统治区，实际上则是共产党的红色革命根据地。他们有的成为向党提供情报的联络站和筹集存放粮款的仓库，有的成为党干部安全可靠的隐蔽地。正如一位曾在子陵铺隐蔽的干部说的：乡长为我开绿灯，保长出面打掩护，群众家里住干部。

四是广泛结交朋友，争取青红帮。青红帮的成员大多讲江湖义气，并与国民党军政人员有关系，还掌握一些武装，活动自如。其中有一部分人对国民党统治阶级也有怨气。因此，北山工委决定采取特殊措施争取青红帮。北山工委分工北山山内区区长张明卿负责这项工作。张明卿经过一段时间的努力，在一次青红帮开堂收兄弟时，被推举为"大哥"。张明卿通过"兄弟"关系，在国民党军队据点内活动，了解敌情、搞子弹，建立秘密联络站。

五是坚持游击战。在山内，除留一部分武装隐蔽外，还组织数支精悍的武工队，开展灵活机动的游击战。在山外，将长枪藏起来，武工队员分散隐蔽在群众家中，平时不参加武装斗争活动，遇到大的战斗行动，即一呼百应，参加战斗。打完仗后，迅速化整为零，刀枪入洞。在斗争策略上，把武装斗争放在远离根据地的地区进行，把敌人的注意力吸引到山外，使敌人虽然知道北山游击队依然存在，但又摸不着踪迹，无可奈何。

　　六是利用两面政权，对国民党乡公所征收的粮款予以收缴。1947年5月的一天，国民党利河乡花冲村杨保长进山向民主政府报告："田赋已经收齐，明日上午乡公所要派人来领，请你们也派人去，当着他们的面把款取走。"第二天，一伙乡丁大摇大摆来到保公所，高兴地清点税款。正在这时，北山武工队孙少华等人突然闯入，将保公所征收的田赋予以收缴。这样，既为两面政权的人员开脱了责任，又增加了北山山内军民的财源。

　　1947年9月中旬，中共湘鄂特委书记谢威派李炳南到北山。通过地下党的联系站，李炳南同孤悬敌后坚持斗争的北山工委干部和武工队员见面。第二天，北山工委在大棠树湾（今冷水镇邓庙村2组）召开工委扩大会议。李炳南向北山工委传达解放战争转入战略反攻的形势和湘鄂特委对北山工委提出的任务。会议作出4项决定：1.加强北山党组织的领导力量，由许猛、李炳南、丁锐、段玉美组成新的北山工委，许猛任书记，领导北山、荆南的斗争；2.积极扩大武装力量，组织隐蔽干部、战士归队，发展游击战争，迎接主力反攻；3.进一步开展统战工作，争取更多的朋友，努力控制或掌握敌乡保武装，孤立反动派，巩固北山；4.积极扩大根据地，做好军需物品的储备，以支援大军反攻中原，恢复江汉。会后，隐蔽的干部、战士纷纷归队，埋藏的枪支弹药也挖出来了。在10多天内，武装力量发展到200多人，组建了一个警卫连、一个手枪队。山内区、山外区扩建了区中队。

　　1948年1月10日，江汉军区副司令员黄德魁率警卫团第三营在荆门县孙家店与孤悬敌后奋战7个多月的北山工委会合，当即决定并报军区党委批准，成立荆（门）钟（祥）宜（城）工委和荆钟宜县爱国民主政府及荆钟宜军事指挥部。李先兵任荆钟宜工委书记兼指挥部政委，李炳南任县长兼指挥长，丁锐任工委副书记兼指挥部政治处主任。荆钟宜工委属襄西工委领导。

荆钟宜工委和荆钟宜县爱国民主政府及荆钟宜军事指挥部成立以后，以打击国民党乡保反动势力为主要对象，使原北山工委活动范围迅速扩大。在短期内，由原来的山内、山外两个区发展到北山、荆东、河岸、东山、盐池、仙刘、栗溪、石牌、皮集等 12 个区。分别由原来留在北山坚持斗争的从克家、王子才、何忠银、毕明、张明卿、方震、张作文、肖怀远、何同玉、孙玉洲、喻和清、李华甫、康大发，以及回到北山的隐蔽干部李家谟、朱玉衡、许超、龙飞、汪云、秦威等担任区委书记、区长、区中队队长等职。武装力量也发展到一个指挥部下辖 11 个区中队。至此，北山工委孤悬敌后坚持斗争的局面结束了。

（罗成泉）

廖学道遇难时的革命斗争背景

解放战争时期，为了建立荆门城北的民主革命根据地，荆（门）钟（祥）宜（城）工委书记廖学道率部在栗溪一带工作。由于叛徒的出卖，廖学道不幸在木马岭（现花屋场村）遇难。

1946 年 8 月初，江汉中心县委和江汉支队奉鄂西北区党委和鄂西北军区电令，转战到襄河以西的荆门、南漳、当阳、远安、宜城等地开展游击斗争，建立革命根据地。是年 8 月 6 日夜，黄民伟率江汉中心县委和江汉支队在多宝湾以北渡过襄河，在沙洋西北约 15 里的烟垢集上宿营。国民党六十六军驻沙洋的一个营听说我们渡过襄河，立足未稳，立即赶来向我驻地发动攻击，我军发现敌情，当即组织反击。在我军的英勇战斗和猛烈攻击下，敌人仓皇逃命。我军乘胜追击，击毙敌军数人，击伤敌营长 1 人，俘敌 10 多人，缴获轻机枪 2 挺、步枪 10 多支。我军无伤亡。经过这次战斗，我军军威大振，使敌军和地方土顽不敢轻易追击、阻拦我们。

8月8日，我军顺利到达荆门北山的胡家集，与在北山坚持的王展、叶云、刘建章、孙振华、章惠民等人会合。北山工委向我们介绍了北山地区的斗争情况和荆门、南漳、当阳、远安一带的情况；我们向北山工委介绍了中原部队突围到鄂西北的情况，传达了鄂西北区党委的指示，要求北山工委在北山坚持斗争，联系襄南、襄东，配合主力部队作战。8月9日，我们向南漳的东北进军，顺利打击了盐池庙等国民党乡公所。8月10日，到达栗溪附近的钱家河，与支队长杨洪先所率部队及江汉地区各县的干部与武装力量会合。

1990年4月5日，原省委顾委主任陈明同志、省政协原副主席谢威同志为廖学道烈士（1946年任荆钟宜工委书记，于1947年殉难于栗溪）墓揭幕（右为陈明同志，左为谢威同志）。

8 月 11 日，江汉中心县委在钱家河召开了中心县委扩大会议，黄民伟传达了鄂西北军区关于在鄂西北开展反内战斗争，建立民主革命根据地的指示。经过讨论，分析形势，江汉中心县委决定：以原天（门）京（山）潜（江）县的干部和武装力量，负责开展荆门、当阳、远安一带的游击战争，建立荆当远县委、行政委员会和指挥部，由王克强任县委书记兼指挥长，李正乾任行政委员会主任。以原京（山）钟（祥）和天（门）京（山）潜（江）的部分干部、武装力量负责开展荆（门）钟（祥）宜（城）一带的游击战争，建立荆南宜工委，由廖学道任工委书记兼行政委员会主任，胡恒山任工委副书记兼组织部部长，叶云任指挥长，章惠民任行委会副主任。以原京（山）安（陆）随（县）县的干部和武装力量负责开展南漳南部、远安北部一带的游击战争，建立南远县委、行委会和指挥部，由吴天成任县委书记兼行政委员会主任，张康民任副书记，吴树贞任指挥长。以原京（山）北（部）县的干部和武装力量负责开展南漳板桥一带的游击战争，建立板桥工委，由程少康任工委书记兼行委会主任，会后，各县县委立即率领干部和武装力量分赴各地开展工作。

廖学道和叶云等人以栗溪为基地，向仙居、刘猴集一带开展游击战争，建立民主根据地。开始工作很顺利，在发动群众的基础上，建立了一些乡政权，迅速打开了局面。

1946 年 10 月，国民党反动派调集数万军队到鄂西北，加紧了对驻鄂西北我军的进攻，鄂西北敌我斗争形势非常紧张。荆钟宜地区的反动派也加紧了"反共"活动，形势渐趋险恶。在这种情况下，廖学道还是率部在栗溪、仙居、刘猴集等地区坚持斗争，寻机打击敌人。10 月上旬，国民党正规军向栗溪发动进攻，叶云、章惠民带一个排的武装和部分干部从栗溪向南穿插，准备向襄沙公路出击，以牵制敌人；廖学道和胡恒山带机关的同志向铁坪方向转移。中秋那天下午，叶云、章惠民所带队伍在永盛集西山上的花子岭被国民党一九九旅的 1 个营包围，战斗中叶云负重伤，章惠民将叶云转移到北山，随后回到东巩附近找到廖学道和黄民伟等人，当时决定章惠民带 1 个排的武装和部分干部到姚家河等地坚持游击战争，廖学道等人留在栗溪一带坚持斗争。

1947 年初，中国人民解放军经过一年的内线作战，大量歼灭了敌人的有生力量，但各地方的反动势力仍在垂死挣扎。1947 年 3 月，章惠民带荆钟宜游击大队在南漳同鄂西北军区副司令刘昌义所率部队会合。在南漳四方坪坚持斗争的廖学道和罗厚福副司令员、黄民伟等失掉了联系，刘昌义副司令决定派出 5 个组的干部分头寻找罗、黄二同志，廖学道主动奉命率队去南漳、远安一带寻找。这时，鄂西北主力四团和五团均已开至江南、襄东等地，仅剩下刘昌义带的七团的一部和江汉独立旅的一部。在异常艰苦的条件下，廖学道愉快地担当了这一任务。

4 月初，国民党远安县政府接到南漳县洋沮乡的紧急情报，说有一股"共军"在该县流水沟一带活动，县长周上璠随即带领县自卫队星夜出发追击，一直跟踪到南漳东巩镇，不见"共军"踪迹。在周看来，"共军"南奔，必然进入永清（栗溪）乡境内，于是他对永清乡下了一道"严密防剿"的紧急令。当时，永清乡乡长张亚柏接到密令，一面传令各保设卡添哨，加强巡逻；一面派出乡自卫大队队副郭光瑞率领两个班，配备轻机枪 1 挺、步枪 30 多支，驻扎在木马岭附近的八保周家湾进行堵截。

在流水沟至东巩被周上璠尾追失踪的正是荆钟宜工委书记廖学道所带领的工作人员，他们 4 月 2 日被敌人尾追脱险后，经白仓、西庄庵，于 3 日深夜抵达木马岭，准备在这里小憩后再到荆门一带联系。

木马岭，群山逶迤，山高路险，地势偏僻，林木繁茂，沟壑纵横。这里唯一的住户叫赵大万。赵原在国民党部队当兵，后逃回家以贩卖假药营生，不久事发，沦为地痞，靠"放财神"（逢年过节时到富贵人家说些恭喜发财之类的吉利话，以求施舍）度日；1946 年混入革命队伍，在廖学道部下当兵。他在与敌人遭遇战中负伤，跑回家中，后向敌永清乡公所叛变自首。乡长张亚柏欲"杀鸡儆猴"，准备杀赵。赵大万后来被其亲戚李少白（当时的姚河中心学校校长，曾任过乡长，开明绅士）保释出来。赵出来后，一直与人民为敌，成了国民党反动派的忠实走狗，干着坑害革命、坑害人民的勾当（廖学道当时不知道这个情况）。

4 月 3 日，廖学道率部摆脱敌人追击后，到达木马岭，敲开了赵大万的门，准备在这里宿营。赵大万披衣拉开门一看，见是廖学道等人，不禁内心一阵惊慌，但他还是故作镇静，很客气地把一行人让进屋内，叫醒妻女，准备饭菜。他自己假惺惺地问长道短，共叙离情。饭后，廖学道提出要在他家住宿，赵大万情绪紧张地说："首长，当前四面风声很紧，你们怎么能在这里安歇呢？依我之见，不如转移到附近的山里暂宿一夜，比在我家安全。"廖学道轻信了他的话，和同志们一道跟着赵来到赵家前面山上的一个山坳。这个山坳，三面悬崖峭壁，也很避风。战士们因连日奔波早已疲惫不堪，一倒下便鼾声大作。

此时，赵大万认为立功受赏的时刻到了，回到家里，冥思苦想，终于拿定主意。第二天，天刚发白，他叫醒大女儿赵兰英，要她去向敌人通风报信。赵兰英装着打猪草的样子，挎着篮子，跑到周家湾向敌乡自卫大队报告了廖学道等人的情况。敌大队副郭光瑞听到这个消息，不敢贸然行事，通过地步哨，火速转告了乡公所，乡公所立即纠集武装力量，赶往木马岭。

天蒙蒙亮时，敌人包围了廖学道等人的宿营地。倏然间，枪声大作，枪弹如雨倾在廖学道等人身上，廖学道及两名战友当场遇难。廖的警卫员被俘，仅有一人脱险。后来，敌人要警卫员悔过，他宁死不屈，被敌人活埋于栗溪镇附近的赵畈。

山间松涛阵阵，哀悼着逝世的英烈，声讨着反动派的罪行。40多年过去了，木马岭伴随着荆门的解放，早已回到了人民的怀抱，那些屠杀、残害人民的刽子手也早已受到了人民的惩罚。

廖学道同志和先烈们永远活在人民的心中。

（栗溪镇文史征集组）

注：本文经黄民伟同志（曾任江汉中心县委书记兼江汉支队政治委员、中华全国总工会副主席）和李少白同志阅，武汉水运工程学院离休干部章惠民同志为本文补充了资料。

荆南宜工委书记廖学道遇难始末

1946 年 8 月，中共江汉中心县委和江汉支队奉鄂西北区党委和鄂西北军区命令，转移到襄河以西（荆门、南漳、当阳、远安、宜城 5 县交界的地方），开展游击战争和建立民主革命根据地，廖学道同志随江汉中心县委到了襄西。同时，江汉中心县委根据形势需要组建了荆（门）南（漳）宜（城）工委，任命廖学道同志为工委书记，胡恒山同志为工委副书记，以远安县永清乡（现在的荆门市东宝区栗溪镇）为基地，向荆门县的仙居乡、宜城县的刘猴集、南漳县的报信坡方向发展，其工作重点是联片建立乡级红色政权。

短短两个月内，在廖学道同志的日夜奔波和有力组织下，工委便在荆门县仙居乡及远安县永清乡的铁坪保（村）等地相继建立了乡级红色政权，成立了乡农会，轰轰烈烈开展起打土豪、分田地的革命斗争。

同年 10 月底，国民党反动派开始反扑，形势恶化。廖学道等人被迫转入地下，分散到邻近的南漳县辖区开展工作。

1947年4月初，国民党远安县政府接到洋沮乡公所的一份紧急情报，得知我军有一支小分队在南漳县流心沟一带从事革命活动，遂派自卫队的一个中队连夜出发，赶往南漳县的东巩进行阻击，但没有发现我军踪迹。敌人估计我军若南奔，必然经过永清乡境内，便又派人赶往永清乡通报情况，要求国民党永清乡公所协助"严密防剿"。死心塌地与人民为敌的国民党永清乡乡长张亚柏得知这一情况后，一面传令各保（村）设卡添哨，加强巡逻，一面派乡自卫大队副大队长郭光瑞带领两个班，配备轻机枪1挺、步枪30多支，驻守于八保（今栗溪镇花屋场村）周家湾一带，以便随时进行堵截。

被敌追堵的我军这支小分队，正是中共荆南宜工委书记廖学道和副书记胡恒山同志带领的荆南宜工委工作人员。他们4月2日甩掉尾追的敌人，翻山越岭走小路到了永清乡的白仓（今东宝区栗溪镇大泉村）地界。3日傍晚，又经西庄庵到达花屋场（永清乡八保）。这时廖学道和胡恒山同志商议，决定分两路走，以减小目标：一路由廖学道同志带领4人向木马岭方向突围；另一路由胡恒山同志带领两名战士翻越花屋场西侧的山岭，经现在的栗溪镇龙虎村地界突围（胡恒山一行翻越龙虎山，到达今马河镇钱河村，在已空巢的国民党地方保安团团长韩树森家躲了两天后，趁夜色经观音寺、烟墩集等地脱险）。

廖学道一行5人，于当日深夜到达木马岭上唯一的住户赵大万家，这里曾是荆（门）南（漳）宜（城）工委的一个秘密落脚点。

赵大万原在国民党军队当兵，后因不愿吃苦逃回家中。1946年初他见我党和革命势力越来越大，遂混入革命队伍，在廖学道部下当战士，不久在与敌人的一场遭遇战中负伤，请求组织让他"回家养伤"，但他回家后又觉得革命"真可能丢命"，便暗中投靠了国民党永清乡公所，成了一个专为国民党永清乡公所刺探我军情况的叛徒。可惜廖学道同志长期以来一直在南漳县境内从事革命活动，并不知道赵大万的近况，仍把赵大万当作同志，放心地带着4位战士辗转到了赵家。赵大万半夜听见有人敲门，便起床把门打开，见是廖学道等人，吓了一跳（还以为是他当叛徒的事暴露了，来找他算账的），他只好惊慌而又强作镇定地将廖学道等人让进屋，当听说廖学道一行是来投宿的，不禁心中一阵窃喜，感觉"这条大鱼送上门，邀功请赏的机会终于来了"，于是一面假意寒暄，问长问短，一面故作热情地叫起妻子、女儿为廖学道等人做饭。

廖学道等人吃过饭后，赵大万的诡计也已想好。他望着廖学道说："首长，当前风声很紧，昨天就有乡公所的人前来盘查过，你们怎么安歇呢？依我看，你们不如转移到山林去，就地露宿一晚，也比在我家安全多了。"廖学道不知这个昔日部属早已毒计在心，还以为是真心相告，于是听从了他的建议，带领4位战士跟随赵大万，到了一个长满茅草的山洼中歇息。大家因为劳累，很快就进入梦乡。

而赵大万返回家中，紧张地想好了抓捕廖学道一行的具体办法。天快亮时，他安排女儿赵兰英（当时14岁）拎着篮子假意打猪草，跑到周家湾给在那里防守的国民党永清乡自卫大队副大队长郭光瑞报信，郭当即带着30多人赶到木马岭，将廖学道等人的宿地团团围住。此时天已微明，敌人集中火力突然向熟睡的廖学道等人疯狂扫射，致使廖学道及2名战士身中数弹，当场牺牲。廖学道的警卫员身负重伤，被敌俘去后坚贞不屈，惨遭敌人残忍活埋。廖学道一行5人中，仅1人凭借山崖和大树作掩护，突围脱险。

廖学道同志短暂的一生，经历了三个历史时期血与火的斗争考验。他在土地革命时期参加了反"围剿"和举世闻名的二万五千里长征，历尽艰险，英勇作战，屡建战功。抗日战争时期，他受党组织派遣从延安回到天门，发动抗日救亡的群众运动，参加并领导了重建和发展地方党组织、创建抗日武装等工作，得到了江汉中心县委的充分肯定。他坚持敌后武装斗争，并在开辟和扩大抗日民主根据地中作出了重要贡献。解放战争时期，他在敌人重兵围困的严重形势下，主动申请留在天（门）京（山）潜（江）进行艰苦的战略坚持，千方百计牵制敌人，为我军大部队突围减轻压力。他奉命转移到荆门的北山地区后，为支持内线作战，带领荆门、钟祥、宜城 3 县人民坚持斗争，为革命胜利作出了不可磨灭的贡献。

1950 年，廖学道同志被中央人民政府追认为革命烈士。

1990 年 4 月，中共东宝区栗溪镇委员会、栗溪镇人民政府在栗溪集镇东 100 米处（白虎观山西山腰）为廖学道烈士建起占地 600 平方米、建筑面积 200 平方米（含纪念亭）的衣冠墓，并以此作为全镇重要的革命教育基地。该衣冠墓建成之初（1990 年 4 月底），中共栗溪镇委、栗溪镇人民政府还专程赴武汉，请来当时和廖学道并肩战斗过的老同志陈明（原湖北省委顾委主任）胡恒山（时任湖北省政协副主席）、谢威（时任湖北省政协副主席）及廖学道的妻儿等为廖学道烈士墓揭幕，并召开座谈会，缅怀先烈，畅述革命经历、革命理想。

（郑文榜）

　　人物简介：廖学道，男，1910 年 12 月 13 日出生于湖北省天门市汪场乡廖河岭村。1931 年在土地革命和苏维埃运动影响下参加革命，同年加入中国共产党，并参加了中国工农红军，历任红军战士、班长、排长。1935 年参加二万五千里长征，并随军到达延安。1938 年因革命需要，在组织安排下回到湖北开展地下工作，历任中共天门县委委员、中共天（门）京（山）潜（江）县委委员兼社会部部长和公安局局长、中共荆（门）南（漳）宜（城）工委书记兼荆（门）南（漳）宜（城）办事处主任等职。1947 年 3 月 14 日奉命赴南漳县执行重要任务时被敌发现，遭敌围堵，突围途中因叛徒出卖，壮烈牺牲，年仅 37 岁。

　　注：本文根据全国总工会原副主席黄民伟、原湖北省政协副主席胡恒山、原中共湖北省委副秘书长刘真等人的回忆整理。

红九师在仙居

红九师政治部旧址位于仙居老街,荆门的第一个苏维埃政权就在这里诞生。

1931年6月,红九师师长段德昌奉命从洪湖北上,与贺龙率领的鄂西北红军主力会合,途中攻打沙洋后,于8月下旬攻克荆门,摧毁了国民党县政府,一路乘胜北上来到北山,部队分驻于荆门城北的牌楼岗、黄家集、吴家集、胡家集、王家集、子陵铺、八角庙、南桥、油匠岗等地。

为了进一步巩固根据地,推动根据地的各项建设,红军帮助扩建了牌楼岗、胡家集、吴家集等地的农民协会。段德昌派师政治部科长刘宗沛带领红军和地方赤卫

段德昌

队，镇压了廖先良、廖华甫、熊哲轩、李明榜等一批地主、流氓、土匪，没收他们的浮财，打开粮仓接济百姓。部分地方党组织干部被安排参加红九师政治部工作，地方游击队选送一批中共党员和贫苦青年参加主力红军。

1931 年 8 月，红九师再进荆门；9 月，红军进驻仙居，师政治部设在仙居南街。图中为红军用红字书写的标语"苏维埃建设中原解放区"。

不久，部队在八角庙集合北上到仙居，师政治部驻仙居南街。他们到处散发传单、张贴标语、搭台演讲，宣传革命道理，扩大红军影响。在红九师的帮助下，通过宣传发动，成立了仙居苏维埃政府，由共产党员、仙居人王超然任主席，并组建荆（门）南（漳）游击支队，由红军干部官大训任支队长。1931 年 9 月 28 日，红九师与红三军在距仙居不远的刘猴集会师。

　　仙居苏维埃政府的成立，给仙居人民翻身解放指明了方向，为新生政权的建立奠定了基础。

　　红九师在仙居时，仙居苏维埃政府主席王超然等领导仙居尖山寨、天星寨一带农民在南北 40 多里的范围内，组织起自卫队，收猎枪、造土炮，与地主土匪作斗争，革命取得节节胜利，土豪劣绅闻风丧胆。

　　正当革命形势蓬勃发展之时，国民党地方武装趁红军主力北上之际，引来川军一个团，疯狂"进剿"农军。尖山寨的农军只有 10 多条枪和一些土炮，敌我力量悬殊，敌人对寨内农军进行了血腥屠杀，抓走 80 多人，杀害 10 多人。

东宝区人民政府立的"红九师政治部"重点文物保护碑

　　接着，敌人分南北两路包围天星寨。天星寨易守难攻，敌人用步枪、机关枪和迫击炮进攻，游击队和群众用土炮、石头还击，3 小时敌人未有寸进。后来，敌人的一发迫击炮弹击中游击队火药库，引发大火，终因敌众我寡，弹尽无援，天星寨被攻破，200 多农军勇士壮烈牺牲。

1998 年 12 月，红九师政治部在仙居旧址被荆门市人民政府公布为市级文物保护单位。2009 年 3 月，仙居乡政府对其进行了维修及展馆建设。2013 年，东宝区政府把天星寨革命烈士纪念碑纳入"全国零散烈士纪念设施抢救保护工程"，重新修缮纪念碑，碑身移至天星寨山顶。烈士纪念碑上共有 318 位烈士的名字（其中，有名烈士 305 人）。2014 年 9 月，政府又筹资修建零散烈士纪念碑，主要记载了 19 名在民政部登记在册的仙居乡烈士事迹。天星寨农民革命斗争距今已有 90 多年，先烈们英勇斗争、不怕牺牲的革命精神，将永远激励后人奋勇前进。

（罗成泉）

红九师一部血战伏隆砦

  1931 年秋，红三军第九师师长段德昌奉命从洪湖北上与贺龙率领的鄂西北红军主力会合，途中攻打沙洋后于 8 月下旬攻克荆门，一路北上到仙居，将师政治部设在仙居老南街，并派 50 多名红军驻守伏隆砦（位于今栗溪镇裴山村裴山西侧），以防驻扎在远安、南漳两县的国民党军。

  是年 9 月初，仙居乡的恶霸罗祥林因仇恨红军"打土豪，分田地"，勾结钟祥县乐乡关的流氓头子孙发祥带 300 多个伪保安队员及土匪，趁着夜色进行偷袭，被红军哨兵发现，遂与之激战。但终因敌众我寡，被敌攻破山砦，致使红军牺牲 30 多人。其余 10 多位红军冲出重围后，火速赶往仙居，向师部报告情况，段德昌遂派兵截杀，敌受重创后四散而逃。恶霸罗祥林及流氓头子孙发祥亦趁着夜色逃往了荆门（此时，红军已全部从荆门撤离，国民党反动势力又卷土重来）。

（郑文榜）

华阳村革命标语

华阳村革命标语位于东宝区子陵铺镇八角庙华阳村周家老宅南墙上。周家老宅为清代民居,坐北朝南,四合院布局,砖木结构,硬山单檐灰布瓦盖顶。现仅存前厅和东侧厢房,正房经过改造,西侧厢房已毁。革命标语共两排,布于正房外墙上。

第一排标语"没收反动派的财产分给工农贫民"书写于 1931 年。1931 年夏天,贺龙率领红三军第八师攻下荆门城,其中有部分红军分驻在这座老宅内。这座老宅当时是一家酒坊,酒坊老板叫周泽生。一天清晨,红军向仙居乡开拔时,在周家酒坊屋檐下写下 9 米长的黑字标语"没收反动派的财产分给工农贫民"。周泽生采取对共产党、国民党都不得罪的办法,在红军离开后就用酿酒时使用的密封稀泥巴将红军写的标语轻轻全部覆盖。

1949 年 2 月 4 日荆门解放后,周泽生才将覆盖标语上的泥巴剥掉,使这条标语得以保存下来。

位于华阳村周家老宅的革命标语墙

　　第二排标语"动员全国人力物力财力参加抗战"书写于1941年。1941年7月，北山抗日游击队与新四军豫鄂纵队警卫连合编，经横店战斗后，叶云奉命率部返回北山地区活动，又在周家酒坊门檐墙上（上述标语下方）用红颜料（从右至左）写下"动员全国人力物力财力参加抗战"，并竖式落款"汉党政"，让人看起来好像国民党军队所写，致使这条标语得以保存下来。

　　华阳村革命标语为研究荆门地区革命斗争史、抗日战争史以及红三军军史、红三军第八师师史提供了难得的实物资料，同时也是缅怀先烈、进行爱国主义教育的良好教材，具有较高的文物价值。

　　1984年7月，荆门市人民政府将其公布为荆门市第一批市级文物保护单位。

（罗成泉）

一座千年古刹的悲壮故事

——记烽火岁月中的团山寺

团山，位于荆门市东宝区子陵铺镇新庙村境内，是明代"荆门八景"之百顷林泉所在，因山形如龟，有九龙潭在侧，得"金龟朝南海，九龙护团山"之誉。这里位于汉水黄金水道与襄沙公路、荆钟公路之间，交通便利，为兵家必争之地。

据明、清地方志和本寺遗存碑刻记载，团山寺始建于唐代，宋、元、明、清均有续修。古寺分上下两院，上院位于团山极顶，下院位于团山南坡青龙嘴。计有山门、前殿、大雄宝殿、后殿，以及三皇殿和百子堂等大小建筑 90 多间。清朝嘉庆年间又在山顶修建了周长 380 多米的墙垣环护上院，墙垣遗址至今犹存。

团山寺属临济正宗，代有高僧住持。清乾隆年间住持僧为心惇，嘉庆年间有昭全，道光年间有普明，咸丰年间有通慧，光绪年间有广道等，他们弘扬佛法、振兴寺庙，使团山寺成为远近闻名的佛教圣地。寺庙鼎盛时期僧众数百人，为荆门州北三大名寺之一。

千年古刹团山寺

团山位于北山革命根据地西片区，在荆门革命斗争史上具有特殊的位置。北伐战争时期，北山是北伐军长江上游先遣军的基地之一；中国共产党成立初期，这里有荆门县成立较早的党小组；大革命时期，这里是湖北农民运动活跃的地区之一；土地革命时期，这里成立了中共荆钟特区委、区苏维埃政权，是中国工农红军红三军第九师、荆钟京天潜游击纵队、荆钟游击大队和当地赤卫队、锄奸队征战的地方；抗日战争时期，这里是北山抗日游击队、新四军北山独立营、新四军北山支队、襄西支队的活动基地之一，建有团山寺和新庙狮子头两处秘密联络站。这里是董必武、贺龙、李先念、陶铸、王树声等老一辈无产阶级革命家曾经运筹帷幄，指导建党、建政、建军的地方；是胡孟平、刘真、许猛、叶云、段玉美、李炳南、丁锐、李家谟、王大年、喻和清、孙海清等荆门英雄儿女浴血奋战的地方，是一批又一批北山人民（包括团山寺30多位爱国僧众）抛头颅、洒热血的地方。

团山山顶的千年古刹团山寺上院废墟

千年古刹团山寺，始建于唐代，历代香火鼎盛，素有爱国爱教的光荣传统。民国初年，团山寺兴办义学——静修学校，传播进步思想，培养了段玉美、李之林等一批优秀的共产党员和地下工作者；抗日战争时期，作为北山游击队的秘密联络点，许多游击队伤病员以出家人的身份在这里疗伤、休养；解放战争时期，很多上级领导途经这里歇息、中转，受到寺僧们的照顾和掩护。

这里有鱼水深情的藏兵洞，有可歌可泣的游击队交通员"余铁匠"和"孙裁缝"，也有骇人听闻的"团山大屠杀"惨案遗址"杀人洼"。

为传承北山红色文化，赓续团山红色血脉，在市委、区委统战部及民宗局的关心支持下，团山寺特辟专区建立红色文化展馆，作为宗教界红色爱国主义教育基地，把红色故事代代传下去，让红色精神在宗教界绽放出新时代光芒，激发宗教界人士爱国情怀，丰富爱国主义教育内容，为实现中华民族伟大复兴的中国梦贡献智慧和力量。

团山红色展馆以"发扬红色传统，传承红色基因"为主题，分"回望千年古刹、早期红色印记、团山抗日烽火、永远的交通站、团山红色故事、续写红色篇章"六大板块，从不同侧面展示团山以及北山人民在中国共产党的领导下所走过的光辉历程，生动诠释团山人民反帝、反封建的伟大斗争实践和革命精神，以及团山寺僧众自觉护国救民，用实际行动彰显佛教报国恩、父母恩、众生恩的家国情怀。

民国初年，参加过辛亥革命武昌首义的刘楚善先生解甲归田，回乡创办义学，兴贫民教育，促乡村改造，得到团山寺住持的鼎力相助，遂将僧众迁至上院，辟出下院，作为校园。

兴办义学静修学校，开启民智（彩绘）

1914年早春，静修学校在团山寺开学，聘请当地宿儒和武昌国高、荆门中学堂（龙泉中学前身）毕业生任教，开设国文、数学、音乐、美术、体育（武术）、历史、地理等课程，使乡邻子弟受益良多，声名鹊起。荆门、钟祥、京山、当阳等地的众多学子前来求学，曾有几百学生就读于寺中。

1937年卢沟桥事变发生后，静修学校师生同仇敌忾、义愤填膺，学校动员进步学生投笔从戎，报效祖国。先后有段玉美、李之林、杜文艺、马晶厚、刘先宝、刘祚常、张德树、王庆美、马涛、徐昱卿、王炽卿等一大批进步学生奔赴抗日前线，其中很多人成长为中国人民解放军的指挥员和社会主义建设的栋梁之材，为中国革命事业和社会主义建设事业作出了卓越的贡献。

农民运动协会所在地——团山寺（旧址前情景再现）

1926年，中共荆门负责人顾仁铸、张汝洛（胡孟平武昌高等师范校友，经胡孟平推荐张汝洛到龙泉中学任教，并成为龙泉中学中共组织创始人）派龙泉中学进步学生罗文锦回家乡开展农民运动。罗文锦得团山寺住持同意，借用团山寺三间厢房成立了团山地区农民运动协会，对当地地主王明宝、王明玉两兄弟进行了清算斗争。1927年，蒋介石叛变革命，轰轰烈烈的北山农民运动虽然失败了，却在这里埋下了革命的火种。

一、团山片区是北山革命根据地的重要组成部分

明代诗人偶武孟（诗题于团山寺的一通碑中）曰："大山何巀嶪，俯偪荆湘陬。"团山居高临下，俯瞰周边子陵、双河、冷水等镇，战略地位明显。

团山位于北山革命根据地西片区，在长期革命斗争中，这里形成了一块"群众基础好、人民觉悟高、革命不断线、红旗永不倒"的红色区域。

二、团山寺是日军军用公路的咽喉

在日本战地记者森金千秋撰写的回忆录《华中战记》中，有一段关于团山寺的记载："我们第七中队移驻的邓家嘴是位于子陵铺东方二十公里、狮子山山系的寒村，这里原本有吉川部队的一个中队，西南三公里的团山寺还有一个大队，第七中队就是要和他们交接警备区域。原先

大队撤离的时候给我们留了些桌子和书架，我们费了一番力气把它们搬到了邓家嘴。"

团山寺是座位于山腹的古刹，白色的山道弯弯曲曲，山脚下有条小街，山上楼阁佛塔，有红柱白墙、黑瓦绿松相掩映，犹如童话世界般雅致。从寺前下望，景色也一样优美。

团山寺是子陵铺至朱

《华中战记》封面

家埠军用公路的咽喉，由于放弃团山寺后无法维持原先的道路，第七中队移驻邓家嘴后的最初任务就是开通新路，即子陵铺—王家集—邓家嘴线路，其中王家集至邓家嘴一段 4000 米的路需要新铺。

三、日军在团山寺的兵力部署

1940 年 11 月，日军 1 个大队占领团山寺，兵力在 1000 人左右。

1941 年 7 月后，1 个中队驻守团山寺，兵力在 200 人左右。

作为敌占区，日军在团山周边遍布据点，将整个团山牢牢围住，牵制了大量日本兵力。

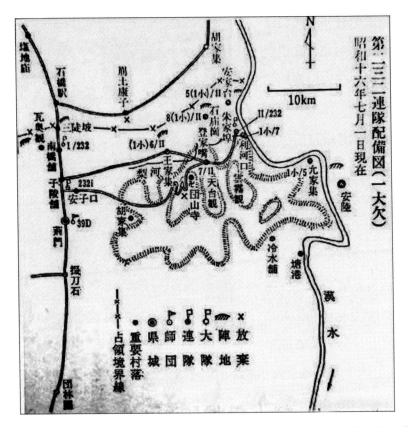

日军三十九师团第二三二联队昭和十六年七月一日（1941 年 7 月 1 日）兵力
部署图：三十九师团司令部在荆门县城；二三二联队司令部在子陵铺；二三二联队
所属 3 个步兵大队，分别在南桥铺、团山寺、朱家埠各部署一个大队。

四、侵华日军师团、联队、大队编制概况

师团建制：下编 2 个步兵旅团（每个旅团编 2 个步兵联队）、1 个
骑兵联队、1 个野炮（山炮）兵联队、1 个工兵联队、1 个辎重兵联队、
师团通信队、师团卫生队。兵器勤务队、野战医院各 1 至 2 个。人数约

25000 人或 28000 人。

步兵联队建制：编 3 个步兵大队，1 个步兵中队，1 个速射炮中队。人数 3500 人左右。

步兵大队：编 4 个步兵中队。人员约 1000 人。

步兵中队：200 人左右。

侵华日军师团、旅团编制概况

一、常设四单位制辕马师团编制概况

1. 建制：师团下编 2 个步兵旅团（每旅团编 2 个步兵联队；每步兵联队编 3 个步兵大队、一个步兵炮中队、1 个速射炮中队。每步兵大队 4 个步兵中队）、骑兵联队、野炮兵队、工兵联队、辎重兵联队、通信队、卫生队、兵器勤务队各 1、2 或 4 个野战医院（有的编有病马厂）。

2. 人员、装备：

师团司令部人员 330、马 165、各种枪 95、非机动车 63；

旅团司令部：人员 75、马 20、各种枪 36、非机动车 4；

步兵联队：人员 3747、马 526、各种枪 2590、各种炮 14、掷弹筒 76、非机动车 256；

步兵中队　人员 194、各种枪 174、掷弹筒 6；

野炮兵联队　人员 2890、马 2269、各种炮 48、各种枪 541；

野炮兵大队　人员 634、马 499、野炮 12；

野炮兵中队　人员 128、马 184、野炮 4；

骑兵联队　人员 452、马 429、各种枪 320；

骑兵中队　人员 144、马 134；

工兵联队　人员 672、马 69；

工兵中队　人员 286、马 19；

师团通信队　人员 255、马 47；

辎重兵联队　人员 3461、马 2612；

辎重兵中队　人员 562、马 376；

师团卫生队　人员 1101、马 128；

兵器勤务队　人员 121；

野战医院　人员 240；

总计　每师团约 25000 人；每旅团约 7800 人。

《侵华日军师团、旅团编制概况》文件

五、团山片区有两大秘密交通站

北山革命根据地秘密联络站很多，其中主要的几处有：山内区团山寺联络站、狮子头联络站、范春山联络站、古正元茶馆联络站以及山外区的仙女庙联络站、百大庙联络站等。

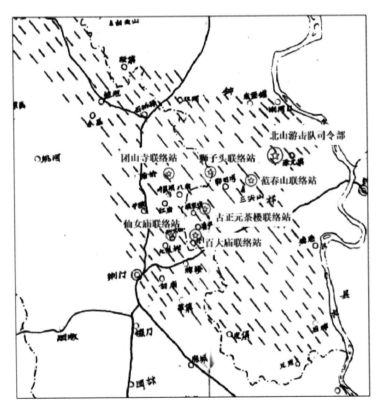

北山革命根据地主要联络站示意图

团山片区的团山寺联络站和狮子头联络站（都在新庙村境内），是距离日军据点最近的联络站。

六、团山寺交通站担负的重要任务

团山寺作为北山游击队的地下交通站，不仅担负着传递情报工作，而且要为过往的地下工作者和游击队员提供藏身场所。寺僧借着信众来来往往作掩护，尽一切可能为游击队员提供帮助，全力安置和救护游击队伤病员。

七、日军在团山的残暴行径

团山寺惨案 团山寺是子陵铺至朱家埠军用公路的咽喉，加上团山寺有水源，有房舍，比较适合驻军。1940 年 11 月的一天，寒风呼号，滴水成冰，驻扎在子陵铺镇王家集（在团山寺西边约 2000 米）的日军1000 多人，分成两个纵队，抬着小钢炮，全副武装，向团山寺进发。为了强占团山寺，他们以寺院窝藏新四军为名，将寺院里的僧人、信众以及隐藏在团山周边的伤员和群众，都赶到团山寺对面的山洼里，有的用刀劈，有的用刺刀捅，有的用机枪扫射，致使 200 多人惨遭杀害。此即"团山寺惨案"。之后第二三二联队下属一个大队占领了团山寺。

村民在"杀人洼"被害 日本侵略者占领荆门期间，到处烧杀抢掠，无恶不作。1942 年春夏之交，驻团山寺据点的日军到附近村寨抢劫粮食，宰杀耕牛，滥杀无辜，村民们忍无可忍，奋起反抗。在一次交战中，一名日军士兵被打死，尸首被愤怒的群众扔进天坑。事后日军疯狂报复，将抓到的 10 多名男女村民押到团山寺对面的山洼中，用刺刀残忍捅死。此洼见证了日本侵略者的暴行，因而得名"杀人洼"。

八、团山寺联络站至北山游击队司令部的红色通道

团山寺联络站　早在大革命时期，团山寺就是胡孟平、萧楚女等革命家经常落脚、宣传革命思想、进行革命活动的秘密站点。抗日战争时期被日军占领，僧众及静修学校部分师生转移到附近的新庙（解放后改建为新庙小学）、八角庙等地隐蔽下来，继续开展革命工作。日军撤退后，幸存的僧众及师生重返寺院，致力恢复寺院和学校，为我军干部战士提供隐蔽场所、救护伤兵以及护送领导人转移等做了大量秘密工作。

抗日游击队训练图（宣传画）

狮子头联络站　位于三村（新庙村、建设村和华阳村）交界处，是三山（张家大山、狮子头、杨树岗）之间相对平坦的一块谷地，即八斗沟东垭处，在团山寺联络站通向范春山联络站及游击队司令部的红色通道上。20世纪80年代这里还居住着张姓、刘姓等4户人家。

范春山联络站　特殊的接获情报方式——以马为信。据当地村民讲述，在团山寺、狮子头、范春山这条狭长的红色通道上有一种特殊的传递情报方式，就是通过马声来识别敌情。特别是狮子头这里的八斗沟一带，道路狭窄，又是深山密林，主要交通工具就是驴马，日军进山也只能骑马。当地的马对外来的马（马蹄声和马鸣声）十分警觉，一旦马不前行，就意味着有敌情，相关人员便要赶快通知下一站的军民转移。

范春山联络站旧址

九、红九师在团山的印记

红军岗 1931 年 8 月，红军著名将领段德昌率领红九师攻克沙洋、荆门后北上开辟根据地，途中在八角庙一带休整，其中一部驻扎在新庙村（团山寺周边）。红军纪律严明，所到之处秋毫无犯。半夜到来的部队不忍打扰熟睡的百姓，战士们天当被地当床，露宿山岗。当地群众第一次见到这么"仁义"（当地人常用赞语）的军队，称颂不已。红军离开后，大家将红军露宿过的山岗称为"红军岗"（位于新庙村委会所在的山岗）。

红军溪 1931 年 8 月，红军驻扎在新庙村期间，正值盛夏，天气炎热，酷暑难耐。红军将士们长途奔袭，连续征战，浑身上下被汗水和血水浸透。红军露宿的山岗东边和北边各有一条小溪，溪水清澈凉爽。红军将士们用溪水洗去征尘和疲乏，抖擞精神再上征程。为怀念子弟兵，当地人将小溪称为"红军溪"（位于新庙村四组、五组）。

红军台子 1931 年 8 月，红九师一部驻扎新庙村期间，部分伤员被安置在周家台子养伤。部队开拔时，女红军战士陆书秀（原籍沔阳）因伤势严重不能随军行动，留在私塾先生周家尧家中养伤。在周家的精心照顾和掩护下，半年后陆书秀伤愈。为缅怀红军战士，人们亲切地将周家台子称为"红军台子"（位于新庙村四组周家台子）。

恩人岭 1947 年 8 月，我中原突围部队一部与围追堵截的国民党军队鏖战襄西。连续激战中，部分战士受伤掉队。其中有 5 名战士与队伍失散，辗转来到团山东南的新陈岭（今新庙村一组东边山顶）附近。他们衣衫破烂，又饥又渴，行走艰难。山民陈以礼（号良皮，与叶云同窗，曾任我北山乡抗日民主政权第三保保长）发现后赶紧将5人领到家中，做饭给他们吃，用草药为他们疗伤。陈良皮的弟弟每天以打猎为掩护在外面观察动静，看到国民党保安队来搜查就及时回家报信，使我军战士化险为夷。5名战士身体恢复后去寻找部队，临走时他们依依不舍地拉着陈家兄弟的手千恩万谢："你们是我们的救命恩人，胜利后我们一定来酬谢你们！"陈良皮深情地回答："莫谢莫谢，解放军为穷人打天下，你们才是我们的恩人哪！"

为纪念这段军民鱼水情，大家将新陈岭称为"恩人岭"。

藏兵洞　据新庙村党支部张书记介绍：当年游击队员和当地村民为了躲避日本人，只能白天上山，晚上钻洞。北山游击队伤病员就藏在团山寺附近的几个山洞里，由团山寺的僧人负责送饭送药。

百岁老人李正炳（当年北山游击队队长叶云的通讯员）回忆说，日本兵听说团山附近藏有游击队伤病员，抓到伪维持会长陈良皮（我党地下工作者）及10多名僧众和村民，要他们指认藏兵洞，大家宁死都不指认。日本人没有证据，只好把陈良皮给放了，但将抓去的僧人和村民杀害于杀人洼。

杀人洼——团山惨案遗址　团山惨案是北山革命斗争史上一件刻骨铭心的重大事件。团山寺作为北山游击队的第四秘密联络点，是游击队员隐蔽、养伤、歇息、中转的秘密据点。1940年日军占领团山寺后，驻扎长达5年之久，有200多名抗日志士、无辜百姓，以及30多名寺僧被残忍杀害在团山寺对面的山坳里，村民将此坳称为"杀人洼"。

（罗成泉）

血染尹家湾

尹家湾位于东宝区仙居乡柴黄村一组。1948 年 10 月，向桥村纤担冲战斗后我方唯一的幸存者、年仅 20 岁的白云区中队战士尹桂全于家中自杀，给亲人们留下永远的痛。

1948 年 9—10 月，敌人最为疯狂，敌我争夺战最为激烈，是襄西"黎明前的黑暗"。白云区原区委书记易万钟、区中队通讯员周士栓、联络员周天和等均牺牲于这一时期。

解放战争时期，尤其是中原突围后，襄西人民孤悬敌后"坚持有功"，牵制了敌人，掩护、隐蔽、转移大批干部战士，并创建了东山（北山）至西山（东巩）的襄西解放区。白云山、东山（李家垱）、荆东（石牌）、河岸（利河以北即双河）等区委和区政权也在这时成立。

1938 年 9 月中共白云区委成立，1948 年 1 月白云区委改为荆北区委，管辖荆门城北包括双河、盐池、仙居、刘猴、栗溪、李家垱等游击区。

白云山区委书记刘光带领区中队，一路扫荡了上胡家集、上王集、李家垱3个乡公所，缴枪26支，活捉了伪乡长李永生。

白云山西区是我党发动群众闹土改的先行区，打乱平分，按户按人分田，满足了广大农民对土地的渴望。白云山区委还组织进步群众到双河口向家窝子，斗争大地主向尧阶，抄了他的家，把现洋、粮食、棉布、绸缎、衣服等浮财分给了贫苦农民。区委除了领导游击区的土改，还带着基本骨干群众到外区搞经济土改，促进了整个襄西地域打土豪、分田地的斗争。

1948年7月，第四地委（襄西地委）和第四军分区成立，荆钟宜县指挥部和白云山区中队，同敌人展开了争夺交通线的战斗。中队战士们破坏公路，将沿线桥梁、电线杆全部拆掉，并常常伏击敌人的汽车。正如抗战歌曲《到敌人后方去》唱的："打得敌人心胆寒，打得敌人不安宁。"

1948年9月6日，坚决"反共"的伪丽元乡乡长卢春普带着国民党正规军一个团，加上伪乡公所武装2000多人进攻白云山区，妄图彻底消灭白云区中队。敌强我弱，我军主动后撤，甩掉敌人。按上级命令，区中队大部加入襄西支队主力，区委书记易万钟的女儿及其他党员家属，则尽量随大部队撤往西山（栗溪及南漳东巩一带）。

钟祥市双河区段集村（原白云区）88岁的老党员易学道同志介绍，尹桂全小队被卢春普民团和国民党一个连包围于纤担冲，牺牲殆尽。

2024年1月30日，原东宝区政协副主席罗成泉、市传统文化协会副会长王君来到仙居乡赵坪村六组，访问了尹桂全烈士的外甥林士雄老人。

1948年，林士雄刚满1岁，自幼便听母亲讲述二舅尹桂全的英雄故事。

　　"二舅是半夜来的，身上挎着几条枪。母亲抱着我开门，按二舅要求靠土墙坐下。二舅说：'姐你往后有事无事都靠着土墙，子弹打不穿，这世界不太平。你要把元福好好带大。'"林士雄说，"我的小名叫元福。二舅说：'我一个小队的弟兄都死了，我也没脸活，我要去找队伍，把枪交给组织。'"

　　次日下午，林士雄母亲就收到了尹桂全的死讯。

　　"外婆烧早饭正在沥饭，隔壁湾子一个放牛的来报信，说有外来的生人找桂业（二舅族中的名字），小心点。里屋的二舅以为来的是国民党，躺床上用脚指头蹬扳机饮弹自杀了。果然有生人来了，却并非国民党，而是党组织的人。外婆悲痛欲绝，去牛屋找出二舅藏的枪交给来人。"林士雄嗔怪道，"也是那个放牛的多事，瞎报信。"

　　柴黄村尹家湾与赵坪村比邻。次日，王君来到柴黄村尹家湾，并在尹桂全之子尹作银的带领下找到了烈士的坟冢。尹桂全牺牲时虽已婚配，但尚无子女，尹作银是他三弟的儿子，过房奉祀。他比表哥林士雄小几岁，小名叫小元子。对父亲（二伯）的自杀，尹作银同样不理解："不死得那么急性，不就见到上级的人了吗？"

　　那是个信息不对称的时代，现代人不了解。我们还不了解战友之间生生死死的情谊，什么叫不忍独活。我们更不了解的是，敌人的残忍。

　　周天和烈士，1913年出生，白云地下工作者、联络员。1945年1月参加革命，1946年2月光荣加入中国共产党，后任党小组长。1948年9月的一天，周天和因叛徒出卖，在自己家中被周棚村国民党伪乡公所中队抓捕。敌人是冲着党组织的机密来的，在周冲审讯拷打了周天和一整夜，周天和铁骨铮铮，始终一语不发。次日，丧心病狂的敌人恼羞成怒，将周天和押至新泉村烂泥泉（现新泉五组）"五树分六尸"的刑场上。

我们只听说过车裂，一种对付过商鞅的酷刑。

战友的遭遇，尹桂全肯定是清楚的，他不愿等到落入敌手受辱，想死都做不到。他不愿意连累家人和乡亲，更不愿意因为自己影响组织的安全。"死得其所，快哉快哉！"尹桂全进过学，粗通文墨，知道谭嗣同。

1949 年 1 月 19 日，我江汉独立一旅、二旅西渡襄河，彻底改变了襄西敌强我弱的局面。于 2 月 2 日发起荆门战役，4 日攻占荆门，7 日战役胜利结束。全歼敌军第七十九军军部及其 1 个团又两个营，活捉敌军长方靖。

襄西大捷，告慰襄西所有的先烈。尹桂全烈士，可以安息了！

（王君）

三战八角庙

1948 年初，人民解放军襄西支队全歼盐池守敌后，八角庙、子陵铺、南桥和永盛集 4 个国民党伪乡公所的反动武装联合组成大队，由胡龙山、李伯泉分任正、副大队长，不时向北山外围的梅家湖、袁家河、孙家店等地进行侵扰、破坏，杀害与襄西支队有联系的人员，烧毁房屋，逮捕无辜群众。为了给人民撑腰，掩护新区工作，我军对一贯反动的李伯泉采取了坚决打击的政策，连续 3 次奔袭八角庙。

首战八角庙。1948 年 2 月底，北山区长从克家率一手枪队配合区中队，对八角庙进行夜袭。同时，荆钟工委指挥部由指挥长李炳南率队和河岸区武装策应，向朱堡铺、八角庙进军，造成军事上的威慑，以资配合。在首战八角庙战斗中，捉来了一批敌乡政人员、敌方家属及其有关人员，进行政治攻势，指出如李伯泉继续向北山地区捣乱破坏，抓我方家属和乡村干部，我们就要加倍惩罚，并放回一人送信。后来李伯泉接受了这些条件，于是，我军对于抓来的人员，除个别关押外，绝大多数准予具保释放，从而迫使李伯泉的反动行为有所收敛。

八角庙文昌阁

再战八角庙。3月7日，襄西支队司令员黄德魁、副司令员许猛率领部队来到盐池，荆钟工委指挥部指挥长李炳南也率部队到盐池，由盐池区中队配合，经石桥驿，先打南桥乡。敌人闻风逃跑，我军直攻八角庙乡公所。此次战斗，缴获轻机枪2挺、步枪6支，击毙敌人4人。盐池区中队首次配合主力作战，焚毁了敌乡公所的军事设施和电线2.5千米，烧桥1座。战斗结束后，指挥部发给该中队机枪1挺。此次因李伯泉将部下分散驻扎，所以未能全歼，李伯泉本人也跑了，但还是给了敌人以沉重打击，他们想恢复元气，尚需时日。

游击队伏击日军情景图

部队打了八角庙，于3月8日宿营胡家集（胡家集距离八角庙近，距离冷水铺远）。司令员黄德魁在这里高兴地向全体指战员讲了话，他说："这里是北山根据地，由于一直处于李伯泉威胁之下，过去我军只能在政治上控制，军事上还不能控制，山内山外夜间交通安全，部队可以通行无阻，但不能驻大军，这次是大部队首次宿营胡家集。我们这次打八角庙，对于支持北山工作有极大意义。我们刚从襄东过来时，地方武装很少，现在有这么多人马，不仅主力扩大了，地方武装也扩大了，地方武装的作用非常大。"他表扬了盐池区中队。

3月9日，北山区中队雄赳赳、气昂昂地第一次开进八角庙，召开群众大会，镇压了李伯泉的老师爷，又将从潘严坪逃跑的反动保长朱有光活捉，押回北山胡家集，召开群众大会，公布罪状，执行枪决，这对巩固潘严坪老区有着重大的意义。

三战八角庙。李伯泉由于自身武装没有恢复，便仿效以往盐池庙敌人的办法，将子陵、永盛等乡武装集中于八角庙，由李伯泉指挥，妄图顽抗。襄西支队和荆钟指挥部于3月24日夜再次奔袭八角庙。这天夜里天黑风狂，凌晨4点钟，我军分两路向八角庙进军，部队由南迂回，在八角庙西南遇敌哨兵，由于天尚未明，敌人发现我军后，便乱作一团，纷纷逃窜，我军边打边抓，抓了不少俘虏，连李伯泉的卫士也被抓来了，缴了他的快机。据俘虏供认，这次听到机枪声响晓得是主力来了，李伯泉、胡龙山吓得面无人色，仓皇逃走。3个乡的武装都被打垮了，永盛乡敌人原想依靠八角、子陵求生存，此次被消灭大半，溃不成军。这为人民解放军重点建设西山根据地扫除了障碍。

我军在八角庙街上吃午饭，敌援兵赶来老远就放枪。我军决定不正面打击敌人，而是在大王山埋伏。可是敌军200多人只乱放了一阵枪就走了。他们原打算把我们吓走，以收复失去的地方，挽回面子就行了，不料碰了钉子，反而吓跑了自己。敌人想以假进攻挽回面子，结果反而丢了面子。

三战八角庙的胜利，使多年来坚决"反共"的李伯泉大受其挫，使北山西线的局势大为改观。

（罗成泉）

夜袭东宝山

荆门城之东山，又名东宝山，春秋战国时期在山巅太平顶建楚望亭，后亭废。隋开皇十三年（593年）修建东山宝塔，山又以塔得名，改成东宝山。东山宝塔雄跨山巅，是"长板栗林"的起点，故门额上刻有"长林头角"四个大字。东宝山不仅是荆楚门户的标志，而且是荆门城的屏障，自明末以来就依塔构筑有战备工事。日军入侵荆门后，又把这里当作防护重点，修建盘山公路至顶峰。日军投降后，经过国民党正规军和地方部队苦心经营，在宝塔四周构筑有母子堡，派精锐部队驻守。塔顶布置火力，居高临下，控制荆门全城。

为了震慑据守县城的国民党军队，中共荆钟县委决定夜袭东宝山。事先派干部傅鼎成入城侦察敌情，通过统战关系争取了哨所班长全继发和士兵傅天柱等5人为内应。

东宝山保卫战中革命军作战情景

1948年8月，驻守东山宝塔的是荆门县常备自卫大队第一中队第一分队，分队长姓陈名玉山，是一个嗜酒如命、好色如狼的恶棍。8月18日黄昏，中共荆东区委书记王子才率领区中队，荆钟县独立营营长何忠银率一个连，神不知鬼不觉地隐蔽于东宝山下，然后即与内应取得联系。哨所5个内应分工负责积极配合，先将陈玉山引至山下酒店。陈玉山在一片"劝酒声"中陶然大醉，在内应的搀扶下，高一脚低一脚地回到哨所，倒头便睡。内应见时机成熟，便来到前沿工事哨棚，见哨兵无精打采地蹲在那里，便说："我今天与队长下山抽了几口鸦片，精神很好，来这里与你做个伴，免得你一个人寂寞。"正在"闲谈"的时候，解放军3个前锋已接近哨棚。哨兵问："干什么的？"答："大队部查哨的。"一个箭步抓住哨兵，捆个结实，宝塔内值班的早已被全班长换上内应，听到外面有动静，知道是解放军到来，便打开塔门，解放军一拥而进，齐喊："不准动！"数十条枪一起指向睡梦中的保安队士兵，一弹未发俘敌一个分队，缴获轻机枪2挺、步枪28支、子弹10多箱。解放军收拾完毕，命俘虏背着下了枪栓的枪支，扛上子弹箱，下山经革家集、黄家集进入钟祥冷水铺，在冷水铺释放了陈玉山。

8月19日，陈玉山狼狈不堪地回到荆门城，哭丧着脸向县长兼自卫队总队长邹树声、副总队长刘黎辉报告了当俘虏的经过。8月21日中午，刘在自卫总队召开紧急会议。参会人员有邹树声、刘黎辉、森万区区长丁楚善、刘猴区队副宋开臣、第一大队队长陈楚斌，以及流亡在荆门的国民党钟祥县县长肖伯勤。会上决定以荆钟两县的自卫队兵力为主，立即对东宝山以东地区进行"扫荡"，口号是"宁可错杀一千，不可放掉一个"。当晚，以清查户口为名，他们强拉荆门城关居民参加"扫荡"队伍。仅在工商街就拉了200多人。要求每人去了都要拿件东西回来。然后由刘部人马押着城关的群众共1000多人，兵分三路连夜出发。一路是陈楚斌、叶汝霖的两个大队由西向东进发，一路是李伯泉所率的大队由北向南，还有一路是陈汉英大队由南向北。8月22日上午9时，各部包围了革集、牌楼等地区。刘黎辉、邹树声等人在县政府用电话坐镇指挥。后来刘黎辉又亲自上阵，刘狂叫"出荆门城一里，见人就杀，杀他五百不冤枉"。刘部从白庙杀至黄家集，所到之处，烧、杀、掳、抢，无所不用其极。虽然荆东地区已经事先动员绝大多数群众转移，但仍有70多人惨遭杀害。60岁的毛老师，自以为年老又是教书的没关系，结果还是被杀；连摇篮里的婴儿也被刘部的匪徒用刺刀戳死后丢入池塘；有的全家被杀绝。刘部对路人也不放过，在东宝塔到革集的途中，有一个穿白褂子的人看见部队来了，即呼喊逃走，也被捉住，拉到革集街上，吊在树上用刺刀捅死。11时许，解放军在黄家集傅家大冲一带进行阻击，下午1时30分刘部撤退回县。这次敌人共拉走群众的耕牛、驴子110多头，还有猪、鸡等牲畜，县政府周围到处都有被裹胁去的群众交来的东西。

惨案发生后，为了打击反革命分子的嚣张气焰，在汉从事地下工作的中共党员李昌伦（荆门人）等，通过荆门同乡会联名向湖北参议会控告"县长邹树声、副总队长刘黎辉恣情纵欲、烧杀掳掠的罪行"。经湖北省参议会第一届五次驻会委员会第六次会议审议，认为"所呈各节如果属实，真是暗无天日、惨绝人寰"。于8月30日代电提交湖北省政府，要求"迅派刚正大员，彻底查明，依法究办"。省政府于9月13日责成省民政厅办理。省民政厅厅长邓翔海带随员刘绍安于10月11日参加鄂西绥靖会议，于11月27日找到参加会议的邹树声，轻描淡写地询问了一番，邹推脱责任。邓翔海又问钟祥县县长肖伯勤，肖也按邹树声所说的口径如此这般地敷衍了一番。邓、刘二人回省后，于11月9日向省长张笃伦写了一纸"签呈"，交差了事。后来省参议会又追问过一次，湖北省政府给第一督导小组（荆州督导组）组长余东山发了一份"训令"，责成"彻底密查明确，据实报核"。一桩涉及数十条人命的血案，最后不了了之。

（罗成泉）

荆门全境解放

1949年1月，辽沈、淮海、平津三大战役胜利后，江汉地区的斗争形势发生了根本变化，国民党军由攻势转为点线备守，江汉军区在荆北快活铺进行试探性战斗之后，决定发起荆门战役。2月初，由江汉军区司令员张才千指挥，在襄河以西之荆门、当阳地区组织进行参战部队最多、作战规模最大的一次进攻性战役，歼灭驻守荆门的国民党第七十九军，赢得了江汉地区的空前大捷。

驻守在荆门县城及附近地区的是国民党第七十九军的7个团及6个地方保安大队，共1.8万多人。江汉军区参战部队有军区主力独立第一旅、第二旅及二、三、四军分区各2个团。根据敌情，江汉军区决定，集中兵力发起荆门战役。第一步是歼灭荆门地区守敌七十九军。第二步确定以独一旅担任主攻，置于城东；独二旅担任助攻截击，置于城西，防敌西逃；二、三、四军分区部队置于团林铺、大烟墩集地区，以便阻击沙市、当阳北援和东援之敌，并防止荆门之敌向南、向西突围。

1949 年 2 月 2 日，荆门战役打响，经子陵铺战斗、荆门战斗、大烟墩集战斗、团林铺战斗、十里铺战斗，历时五昼夜，2 月 7 日胜利结束。荆门战役的胜利，壮大了人民武装力量，使襄西解放区与襄北、襄南、鄂中解放区连成一片，襄沙公路及沙洋以上的汉水航运全为解放军所控制。这就为支援解放军南下渡江作战提供了比较雄厚的物质基础和后勤保障。同时，此次胜利也是稳定襄西大局的一个转折点，使荆门成为襄西解放区稳固的后方。荆门战役后，荆门地区大部分解放，除在边远地区有少数国民党残余势力进行骚扰外，襄西长期的两军拉锯的形势基本结束。

残留于襄西地区的国民党余部不甘心失败，趁人民解放军主力转战大西南，后方兵力薄弱之机，发动了反革命暴乱。5 月至 7 月，在荆门及其周边地区，人民解放军与国民党军又展开了斗智斗勇的生死较量。解放军部队在沙洋、马良架起浮桥，强渡汉水，在汉水沿线与国民党军队展开激战，消灭了驻守沙洋、马良、石牌等地的国民党军队，随后解放了李市、后港、拾回桥和十里铺。7 月中旬，荆门地区全部解放。

注：资料来源于《中国共产党的荆门历史》第一卷。

【相关链接】

齐勇将军忆解放荆门的战斗

1949 年 1 月下旬，我师奉命进军荆门，配合南下大军，扫荡顽抗的残敌。

荆门在宝塔山下面。宝塔山是荆门东北、东南的山地，因为主峰上有一个宝塔，所以叫宝塔山，是荆门的屏障。荆门在地理位置上是很重要的，北通襄樊，可入汉中；南向荆州，可入长江上游；西入四川，南入湖南，直入两广。历史上是兵家必争之地。

宝塔山向南是一个鱼脊似的山梁，向东、向北是起伏的丘陵。敌人主阵地是在正东二八四标高的宝塔下，围绕主阵地，满山都是交通沟联系着，与外围的小山包也有壕沟贯穿，构成敌主阵地的支撑点，整个山组成了三道严密的火力网。根据抓来的俘虏供称，敌人以一营的火力控制这一带山地（战斗打响以后又增加了一个营，一共是两个营的兵力）。

我一面看地形，一面很自信地想：拿下宝塔山是没有问题的，部队就是打山地战出身的。现在的问题是我们钻到敌人心窝里来了，搞不好敌人从城北、城南两个拳头向我一齐挤，从山上朝下一压，就有被包围的危险。充分考虑到这些问题，我下了最后的决心，命令一团插到城南，派一个营控制公路，两个营作为预备队，阻击援敌和阻止城内敌人向我突击；三团在城北，防止城北敌人向我突击；二团派二营负责从正东攻取宝塔山，一营攻打南面的山嘴，三营作为预备队。

下午3点多钟，二团二营从正东开始攻击，一营负责钳制宝塔山南面的敌人，三团二营四连从北面佯攻。全师各种火炮集中掩护着他们向敌人的小山包发起冲锋，重机枪紧紧封锁住敌人在山顶、山腰的火力巢，用棒槌来击发的一个唯一的山炮，也向敌人发出投降的号召。敌人的特点是依仗人多，人少是不敢打仗的，龟缩在前沿火力点的敌人，哪里敢与我们正面接战呢？经过我们几阵风也似的冲击，敌人便一个个缩头缩脑沿着交通沟逃到山顶上去了，部队乘势紧追，到黄昏时主峰下所有的据点全叫我们拿下来了。

战斗暂时告一段落，部队经过短暂的整顿与调配，夜深时，又是一个突击，手榴弹一打，夺下了敌人的山腰阵地。

我在电话里向二团团长下达命令："在拂晓前强攻主峰，不让敌人喘息。"在拂晓时，部队完成了向主峰的运动，爆破手首先将敌人主阵地前沿鹿砦炸开，突击班乘着烟雾冲上去，可是后续部队未能及时赶到，叫敌人给压回来了。

到上午8点，又组织了第二次冲锋。这次冲上去后，刚好碰着敌人向山下出击，双方厮打在一起，敌人伤亡很大，但我们自己也有一些伤亡，最后部队撤了下来。撤下来后，我赶到二团指挥所，二团的干部几次攻击没得手，部队又受了一些损失，感觉有些着急，信心也有动摇，想要求增援。我当即指出，作为一个指挥员，在战斗紧急的时候有这种情绪是危险的，并命令他们一定要拿下宝塔山。战争当中就是这样，没展开的时候可以由你选择，可以比较多方的情况，拣有利的地方下手，但是当你展开以后，就不能犹豫了。当前的情况正是这样，敌人并不见得比我们有利，如果犹豫，后果是很难想象的。所以马上又组织第三次冲锋，从内心攻占了敌人的阵地。敌军师长不顾一切在报话机中向方靖求援，提出不增援就撤退。方靖也拼命命令他死守，结果敌人的一个营还是撤下去了。

当我们收听到这个情报后，我便命令二团的二、三营采取扇形队形，迅速向敌人主峰发起总攻击。霎时，山顶上的机枪声、手榴弹爆炸声、厮杀声响成一片。

正面的部队全攻上去后，敌人撤下去的那个营又上山来了，但尚未站住脚就叫我们给撵下去了。山上原来就叫我们打得喘不过气的一营，看见自己的伙伴又跑了，经过我们一阵肉搏，也拼命向山下奔逃，二、三营的指战员们抓紧战机，跟着敌人的屁股朝下撵，三团的战士也从北面冲上，又从侧翼插下去，把溃逃的敌人割裂开来压在山下狠狠地揍。南面山嘴的敌人，因为地势对我们不利，一直在顽抗，看到大势已去，也只得从地堡里伸出一块白布摇摆着请求（投降）。这时，山下、山上到处响起了我们战士们的欢呼："宝塔拿下来了！"

宝塔山一失，敌人乱了套。他们先是沿着向荆州方向的公路跑，走不多远，碰上了一团三营八、九连，在公路旁边小山坡上，被我们一阵刺刀撵了回来；缩回头又向城西跑，想夺取城西北一带的高山，却遇上预先埋伏在那里的二师八团的战士，碰了一鼻子灰。二、三团又往城外一压，敌人像无头的苍蝇一样，东碰一下，西撞一下，有的就干脆坐在麦地里，等待当俘虏，有的三三两两垂头丧气地在那里咒骂他的主子方靖指挥无能，受伤的在那里哭爹叫娘，打死的横七竖八地躺在公路两旁麦地里，满眼皆是。漫山遍野都是敌人丢弃的武器弹药、背包行李和抢来的东西，一堆一堆无人过问。

入夜了，部队经过一天来的激烈战斗，本来是又累又饿，但谁也不愿意停下来歇一歇。大家顶着大雪执行着部队的传统命令——"敌人向哪里跑，你就向哪里追"。

我带着几个参谋跟着一团向南一直插到十里铺，接到军区的命令我们才回来。部队一边追一边打，到处都是枪声，到处都是闪闪的手电光，有的是敌人的联络信号，有的是我们的联络信号。

黎明时，我们在公路边上歼灭了一股逃敌，就在村子里停了下来。

第三天中午，战役全部结束。部队开始打扫战场，清点战俘。这时敌人一个师长阿Q似的神气起来了，很懊丧地说："早知道是你们我就不会这样了，我们以为是南下大军呢。"极为不服地要求摆开阵势重新再打一次。我们的战士很幽默地告诉他："不管是谁，反正是我们把你抓住了。"

七十九军3个师和1个保安旅，就这样被我们消灭了！

[光宇记，选自《湖北文史资料（第9辑）》]

"解放荆门战役，我们团牺牲90多人"
（湖北黄石百岁老兵的红色记忆）

极目新闻记者　梁传松

翻开一本红色的立功证明书，看着第三页功臣相片上那身着戎装、焕发青春朝气的面孔，周成荣陷入了短暂的沉默，仿佛记忆又回到了70多年前的那一段峥嵘岁月。

团长让马给了他生还的希望

"今天的幸福生活，是无数革命先烈用鲜血和生命换来的……"9月29日，在黄石南庭养老院，周成荣一遍遍地抚摸着一枚枚军功章向极目新闻记者介绍。

立功证书是个红色本子，封面印着"中国人民解放军中南军区兼第四野战军立功证明书"。打开封面，首页是毛主席像，次页是朱德总司令像。第三页是功臣相片，周成荣看上去20多岁，身着戎装，双唇紧闭，神情严肃。在其背后是一座碉堡，虽然是一张年代久远的黑白照片，但碉堡上黑洞洞的枪眼清晰可见，见证着之前刚刚结束的那场战斗。

"我是学木匠的，大伯去世的时候，被抓壮丁带到了湖北。"周成荣说，他是四川自贡富顺县人，1946年，远在他乡做木匠活的他接到大伯去世的消息后，立即启程返回了家乡。"当时，家里只有母亲和弟弟妹妹，大伯是孤身一人，没想到刚回到家，阴差阳错被抓了壮丁。"周成荣说，他被部队带到湖北后，长官担心他们逃跑，被关了2年多时间。

1949年1月，他所在的部队被打散了，剩下七八个人坐在一处田埂边商量怎么逃回老家。就在这个时候，周成荣突发奇想，表示"想参加共产党的部队"，就这样，他们几个人很快就找到了解放军的部队，并加入了中国人民解放军中南军区第四野战军。

"那次战役我们团牺牲了90多人！"刚加入解放军后不久，其所在的部队便奉命参加解放荆门的战役。据史料记载，荆门战役是当时中国人民解放军江汉军区组织进行的参战部队最多、作战规模最大、歼敌数量最多的一次战役。1949年5月至6月，中国人民解放军第四野战军一部经汉宜公路西征，沙洋、李市、长湖、后港、拾回桥、十里铺一带先后解放。7月，荆门地区全部获得解放。

老人说，后面的战役，正是他所在的部队参与战斗。在此次战役中，也是他第一次与敌人短兵相接。

"没有战斗经验，上级安排护理伤员，敌人全打乱了到处跑。"周成荣回忆说，当他在救护点工作时，一伙敌人持枪朝救护点溃逃过来，情急之下，他也顾不得危险，抄起地上的枪就冲了上去，迎着敌人就是将一梭子弹打光，并大声叫喊："缴枪不杀！"迎面跑过来的敌人被吓住了，慌忙掉头往别的方向逃窜。

周成荣一直记得自己的好团长。由于没日没夜在野外战斗，蚊虫叮咬是家常便饭，导致他身患疟疾。部队在行军时，他发着高烧，走着走着，就倒在了地上，再也没有力气爬起来了……

由于那个年代缺医少药，部队随行卫生员发现后，跪在地上托着他的头，也显得手足无措。此时，团长骑着马经过，发现了倒在地上的周成荣，他二话不说，跳下马招呼警卫员将周成荣扶上马背。

"如果掉了队，肯定活不下去。"周成荣说，被抓壮丁时，经常会挨打。在马背上那个下午，他整个人的思想观念一下子就彻底改变了。

炮弹在身边爆炸后双耳聋了

"耳朵一点也听不到了，被炮弹炸坏了。"采访中，与周成荣老人沟通时，需要用笔写字交流。虽然已有百岁，但他说话声音仍然洪亮。打开话匣子，发现老人很健谈。

"解放孝感花园，手榴弹甩过来甩过去，子弹在头顶飞来飞去，天不亮打起，一直打到下午 4 点多。"虽然记不清楚具体日期，但是周成荣至今都记得，部队从早晨 5 点多出发，急行军走了 100 多里路，第二天凌晨，天没亮就又投入到战斗中。当时周成荣主要任务是抢救伤员、安葬牺牲的同志。老人说，战场上，五连的指导员负伤了，上级要求他上阵地将受伤的指导员抢救下来。他和战友上去找到倒在地上的指导员后，立即将担架抬着就往后方冲。

"子弹擦着耳朵飞，根本就没法躲。"老人回忆说，他和战友抬着指导员返回的时候，原本受了伤、躺在担架上的指导员肩部被流弹击中。

1949 年 4 月，百万雄师过大江，南京解放。5 月，九江、武汉、上海相继解放。国民党的长江中下游防线全线崩溃。

此时，盘踞在宜昌、沙市一线的国民党宋希濂部 4 个军和湖北保安部队 10 多万人，为阻止我军南下西进，死死控制着东至岳阳、西至巴东的长江两岸。周成荣的耳朵就是在解放宜昌的那次战役中，被国民党军舰炮弹震坏的。

当天，部队在江边树林中的院子里休整，战士们在院里搭锅做饭，升起的炊烟被江上国民党军舰发现了。饭刚做好，参谋长急匆匆跑到院门口，大喊："快撤！"

院子里面的人还没来得及撤退，只听到呼啸而来的炮弹划破空气的声音。"连长就在身边，一把将我扑倒在身下，逃过一劫。"老人感慨地说，他和连长刚刚卧倒，一发炮弹就落在院子中间的大石碾子上爆炸了。虽然连长和他都没有受外伤，但爬起来后耳朵就听不见了。

后来，虽然慢慢恢复了听觉，但听力大不如前。战役结束后，按照规定，周成荣可以申办伤残证明，但他一直没去办。他觉得，跟那些牺牲了生命的战友相比，这不算什么。

"参加过恩施8个县的解放战斗。"周成荣说，他们部队从荆门打到宜昌，从宜昌打到恩施，而自己多次与死神擦肩而过。

养老院百余老人陪同庆百岁生日

中华人民共和国成立后，周成荣带着一支小分队，负责在湘鄂交界一带的剿匪、群众发动、建立地方政权、征兵、筹粮等工作。他曾带着一名干事和民兵前往土匪寨侦察，自己更是孤身一人闯进40多人的土匪窝子。

由于周成荣表现突出，荣立大功一次，并当上了连长，先后担负起地方领导的保卫工作。1958年转业后，他被安排到黄石，担任过胜阳港党委办公室秘书、人民公社办公室主任等职务。1983年，周成荣从黄石自来水公司书记的位置上退休。

1983年9月29日，黄石南庭养老院张灯结彩，一片喜庆。身着唐装的周成荣老人，在已退休的子女们的陪同下精神抖擞，养老院100多名老人当日在临时搭建的舞台上，为周成荣庆祝百岁生日。

"趁着国庆节、重阳节，我们养老院给周成荣老人过百岁生日。"该养老院负责人告诉极目新闻记者，周成荣身份证上的出生日期是农历九月十七，提前给老人祝寿，是为了照顾到国庆节和重阳节这个特殊的日子。

"老人喜欢读书看报和打麻将、下象棋。"该负责人介绍，虽然有儿有女，但是周成荣老人喜欢热闹，而养老院有 100 多名老人，每天有固定的牌友和棋友陪着打牌下棋。

每天上午，周成荣老人要打一个多小时的麻将，中午吃完午饭休息好后，则是陪着棋友下象棋。

极目新闻记者看到，坐上牌桌，老人十分认真地摸牌碰牌。"只能由着他说，我们解释也没用，他听不见。"同在该养老院休养的谢光钟老人说，由于周成荣老人耳朵听不见，打牌的规矩只有他说了算。

"以前，父亲都是晚上 9 点准时上床休息，早晨 5 点多起床，到江边散完步后再回来吃早餐。"周成荣的女儿周颖介绍，父亲做事很认真，做什么事情都讲规矩，自她记事起，父亲常挂在嘴边的话就是："没有中国共产党，就不可能有我，更不可能有你们，要懂得感恩！"

"比起牺牲的战友，我活到了 100 岁，能有今天这样的生活，我很满足了。"周成荣老人感慨地说，和平生活来之不易，要珍惜！

（资料据中国军事百科全书编审室，李方贵整理）

真诚的战友

曾　志

　　1938 年 10 月底，我们在宜昌得知武汉失守的消息后，陶铸同志决定返回鄂中工作，我和在汤池训练班毕业的郑速燕同志一道来到了荆门。

　　那个时候，敌机在武汉外围的城镇狂轰滥炸，当地的许多老百姓逃出家园，荆门县的县长和县政府人员也跑光了，荆门全城几乎成了一座空城。

曾志

　　到荆门第二天，我们住的小学校遭到敌机轰炸，我们躲在屋子里，由于走廊上堆积了军医院的一层层装药的木箱，房顶塌下来被木箱形成的屏障挡住了，我们平安无事。

荆门处在汉口至宜昌的公路上，从前线败退下来的散兵常从此路过，三三两两，日夜不断，他们找不到当地县政府办事人员，饿了就抓老乡养的鸡、拔老乡种的葱，纪律很坏。我们考虑这种局面对抗战事业不利，就组织起来给路过的部队烧开水、烧稀饭。后来，扰民的情况没有了，过往的军民都表示称赞。

但是，柴米来源困难，经费又没有，为了解决这些具体矛盾，进一步开展工作，我们决定去找刚进驻荆门的国民党第三十三集团军总部，请求他们的帮助。

当时，张克侠同志（后来得知他是中共特殊地下党员）任三十三集团军的参谋长，他十分热情地答应帮助我们，并一起商量具体办法。首先，我们组织了一部分可靠群众，以三十三集团军运输队的名义，在部队的保护下，从事运粮和运盐，解决了当地居民和部队本身的迫切生活需要。然后，又派出人员，把外逃的老乡以及县政府的干部找回来，在这期间，双方合作得很好，军民关系也有了改善。

由于有克侠同志的支持，我们的工作得到了蓬勃发展，先后办起了"军民合作大饭店""合作书店""妇女合作社""供销社""合作旅馆"，荆门县城镇面貌出现了兴旺繁荣景象，秩序恢复正常。与此同时，我们的抗日宣传活动及组织建设工作也积极开展起来，还在北山子陵、盐池等地办起了供销分社。

我们的事业需要钱，为了解决经费的来源，我们求教于克侠同志，想让他设法帮忙。他认为这是他责无旁贷的任务，不仅表示承担责任，而且想了一个绝妙的办法。他是参谋长，就利用上层将领集会的机会，以"积极支援抗日活动"的名义，向大官们募捐。克侠本人从无私蓄，但他带头拿出 150 元现洋，将官们有的出于爱国，有的不甘落后，有的碍于参谋长的面子，有的本来就腰缠万贯，不在乎这几个钱，结果，我们很快就有了较充足的经费，工作更顺利了。

除了物质上的支持，克侠同志还常把当地不容易看到的报刊送给我们，把外面一些消息告诉我们，使我们得到了精神上的食粮。在当时湖北广大地区内，荆门县的团结合作及抗日士气是比较出色的，我们的活动扩展到了当阳、远安，甚至建立了自己的武装，后来，我便被任命为中共荆当远中心县委书记。

对克侠同志这种坦白而真诚的帮助，我们有些不解，我曾问过区党委王翰同志，他只告诉我："张克侠将军是进步的，是可以依靠的，有困难可以找他。"除此之外，什么也没有说。

尽管我们不了解克侠同志的政治面貌，但我们切实感到了他和我们心心相印，他和革命的抗日事业息息相关，从他诚恳而又谨慎的言谈中，我们得知他早年去过莫斯科，与肖明同志关系很好，他没有讲肖明同志的身份，但我知道肖明同志曾在抗日同盟军中担任中共党委书记，后来又是北平市委书记，因此，我们可以判断他是我们党的好朋友，感到工作上有了依靠。

我们工作办得好，于是引起反动分子的日益妒恨，干扰和破坏的事情就逐渐多了。这时，克侠同志常把军内一些反动人物的动态，及时告诉我们。后来，国民党军事委员会下达了"限共"的内部通告，克侠当即将这一通告的内容通知我们，提醒我们警惕。到了 1939 年的夏天，国民党反动派的"反共"行为开始猖狂，蒋介石给第五战区发来密电，要求搜捕"异党"。克侠同志得到密电后，事先通知我们转移，在我们撤退后，敌人即来搜查，军民合作大饭店等单位虽遭到了查封，但人员一点儿没有损失。

军民合作大饭店事实上是我们党的联络机关，它受到了克侠同志的精心保护，在抗日战争中，为促进国共合作、军民合作，宣传和鼓舞广大军民同心协力去打击日本侵略者，发挥了一定的作用。这一段日子是值得纪念的，这一段工作是很有成绩的，这些成绩是与克侠同志的默默努力与真诚帮助分不开的，它将永远载入湖北荆门的革命史册！

附：曾志给张克侠的一封信

曾志（曾霞）同志附言：

1939年4月我在中共荆当远中心县委工作时，给国民党三十三集团军张克侠参谋长的信，是处在国民党统治地区，为了方便统战工作，掩护我党秘密工作而采取的一种公开表现形式。

参座：

有上帝的保佑，敌机今天虽然狂炸了两次，我们全体都仍健在，馆子及小教（校）场房屋均无损失，请勿远念。

早上敌机来时，大概只六时前后，日来因精神疲劳，是时尚在梦中，并且经敌机飞翔的反映，正在做飞机梦啊！我梦到四架敌机，载满了敌人，而且这些都是中国人，是长沙口音呢！它在从未见过的广场上旋转，广场的四周有山岗，有坚固的洋楼，有无数的人，当敌机来时，全场人都东逃西窜，敌人一面放枪，一面狂笑。正在梦境中，小吴在门外高叫，敌机到了。起床走到后门口，炸弹便如雨地掉下，第一趟敌机共十架，来回地炸了五次，大小炸弹不下六十多枚，炸的地方均在东南西门三处附近，死伤据我现在知道的有两人，系百姓。闻中心小学亦落数枚炸弹，房屋未知有否倒坍。第二次，时间大概九时，敌机十一架，前后分两批投弹，炸的地方依旧，不过我在东边山上见一炸弹正落在小教（校）场屋傍（旁）。

昨天敌机狂炸沙洋、宜昌以及十里铺，而今天又狂炸荆门，大概前方形势十分吃紧，听说河东老堤已被敌占领。如形势紧张，贵军作何打算，将来从何处移动，能否告知？我们最后地址在远安、栗溪，如有所赐教，则请寄远安第三区荆门立达小学转交，或者寄远安城民众教育馆李萍转亦可，不过远安我是不大去的，最好寄栗溪，但在荆门未沦陷前仍请寄止。

这封信是敌机第二次轰炸时，坐在东边山上的山谷中，放在膝上写的，此处独我一人，炸后，静悄悄地，心的深处感到无限烦闷，想到死的容易，死是人生最大威胁啊！同时又想到生的艰难，生是在艰深中度活呢？在敌人飞机大炮之下，不知死伤何许人矣！这种血肉战争何时结束？人民如何才能动员？一切都觉迷惘。

这里已成了前线，敌机时刻日夜都有轰炸的可能，警报现在也失了作用，早上是敌机到了领（临）空才听到警报声，第二次则警报声都没有了。观此，大有回到去年武汉退出，敌机轰荆城时的混乱现象。我们时刻在死中生活，也许这时生气活泼地写信，等会儿便成了肉酱了啊！

　　心绪不安地写这封信给您，也许你见了它反而（不）适是么？！

霞

四月二十六日

　　人物简介：曾志，陶铸的大人，曾任荆当远中心县委书记。新中国成立后，任广州市委书记，中共中央组织部副部长。

　　注：曾志同志写给三十三集团军参谋长张克侠的这封信，原件存于军事博物馆。

北山坚持斗争的基本经验

刘　真

　　北山这块小小的革命根据地在极端困难的条件下坚持住了，没有被比它强大到很多倍的敌人攻破。坚持北山革命斗争的同志们认为：除了北山的地理条件较好（荆门、钟祥两县交界的地区，虽然山区范围较小，山也不高，但交通不便，山区地形复杂，又可利用两县敌人的矛盾，有利于我军的武装割据）以外，其基本经验有下列五条。

刘真

　　一、在抗日战争初期恢复和重建的北山党组织有两个显著的特点：第一，它继承和发扬了大革命和土地革命两个历史时期的革命传统，即充分发动农民群众进行武装斗争反帝反封建的传统。第二，北山党组织是在抵制了抗日初期王明右倾投降主义错误的条件下恢复和重建起来的。一方面坚决执行了党的抗日民族统一战线政策，另一方面又抵制了王明"一切经过统一战线，一切服从统一战线"的错误主张，敢于独立自主地放手发动群众开展敌后抗日游击战争，敢于独立自主地建立敌后抗日民主政权，敢于独立自主地建立敌后抗日根据地。很显然，正是由于北山党组织具备这个特点，它才有可能继承和发扬大革命与土地革命时期的光荣传统。所以，应当着重阐明北山党组织不顾国民党政府的干扰、破坏，不怕国民党政府的武装进攻，敢于独立自主地到敌后创建军队和根据地的历史特点，这一特点在解放战争中进一步发扬，创造了在孤悬敌后、敌强我弱的环境中坚持斗争的经验，使北山党组织完成了在极端艰巨条件下的历史任务。

回顾一下北山党组织恢复和重建的历史是很有意义的。

1938 年上半年，省委从汤池、宜昌、襄阳派一些同志来荆当远钟恢复和重建党组织时，董必武同志指示说："党要在农村扎根，要在贫雇农中扎根，要联系上大革命、土地革命时期隐蔽保存下来的同志。"襄西包括北山正是按照董必武的指示，于 1938 年底基本完成了重建党组织的任务。当然，我们也没有忽视在城镇工人、城乡知识分子中发展党员。北山党组织虽然在山内发展党员很少，但在北山外围的冷水、胡家集、石牌、双河、牌楼、八角、叶家闸、南桥、盐池等地的党组织是按照省委指示恢复和重建起来的。这样的党组织按其本性就易于抵制王明右倾错误的影响。

1939 年春，北山党组织根据鄂西北区党委扩大会议的精神（这时日军已进至襄河东线，钟祥县城沦陷），对全体党员分地分批进行了整训，指出日军可能渡襄河西犯的形势。

特别重要的是 1939 年初夏，区党委书记王翰同志来襄西传达六届六中全会精神和刘少奇同志的指示，要独立自主地到敌后进行抗日游击战争，要千方百计搜集武器，进行武装斗争的准备。北山党组织的同志们听到传达，精神振奋，干劲百倍。为抓武装，郑家坤同志付出了生命，段玉美同志坐牢，叶云同志不屈于威胁，宁玉廷同志离开孤苦的老母亲进行兵运工作等。北山党组织的同志们以可歌可泣的实际行动抵制了王明的右倾错误。

1940 年春，荆钟南宜特委在荆门的叶家闸（叶云家里）开会决定了发动敌后游击战争的具体部署。以党在当阳县两个乡公所掌握的武装会合荆南的一些有军事斗争经验的党员和少量武装上荆门、当阳两县交界的香炉山；以党掌握的在荆门叶家闸和段家冲两个保武装，在牌楼岗联保办事处一个班武装会合荆北、钟西各地一些党员上北山。叶云同志和北山周围各个支部排除荆门国民党政府的干扰和破坏，坚决执行和出色地完成了特委预定的计划，拉开了独立自主地创建北山抗日武装和北山抗日根据地的序幕。经过 5 年多的抗日游击战争，锻炼和加强了北山的党组织（恢复和重建了山内的党组织）、武装和根据地，使之成为我党我军在襄西地区的坚强堡垒，为后来更加艰苦的 3 年解放战争，北山党组织争取彻底胜利奠定了牢固的基础。

历史事实说明，北山党组织是敢于和善于领导武装斗争的党组织，是善于发动和组织群众同北山地区人民同呼吸共命运、如鱼水关系的党组织，是在长期战争中善于发现与培养有革命精神、密切联系群众的本地干部的党组织，是善于进行统一战线工作的党组织。这些就是北山党组织的特点和党组织建设的基本经验。

二、坚持长期的武装斗争，是北山能够坚持到最后胜利的重要经验。

北山党组织虽然有武装斗争的革命传统，虽然保存下来一些红军时代有战争经验的老同志，但北山没有保存下来成建制的红军游击队，吴觉民领导的北山游击队在 1933 年失败了。这同鄂东不一样，鄂东到抗日战争爆发，还保存下来黄安县七里坪革命根据地和高俊亮领导的红军游击队。有或没有这个条件，情况会大不一样。襄西的同志们对这一点是深有体会的。北山党组织的武装在抗日战争时期重建，从无到有、从弱到强，不断成建制地补充主力部队，又不断依靠少数骨干，重建北山武装，经过 5 年多的抗日战争和 3 年解放战争，锻炼成了一支虽然很小但很坚强的部队。

北山武装在抗日战争中学会了"基本的游击战"经验，如：反日军"扫荡"、反蒋军"清剿"运用的"麻雀战""贴烧饼""抽签战"等，如主动袭击敌人的"夜战""伏击战"等，也学会了配合我军主力打运动战。运用这些战术，在抗日战争时期，北山武装战胜了日军多次"扫荡"；在解放战争时期，战胜了蒋军多次"清剿"，其中有两次持续一星期之久的蒋军"万人大清剿"。加上其他一些条件，胜利地保卫了北山根据地。

北山武装在解放战争中发挥了巨大作用，尤其是从中原突围到全国转入战略反攻前夕的这段时间，北山在遭受强敌的频繁"清剿"和处于孤悬敌后的情况下，还担负着收容转移干部的重任，处境极其艰难，但由于他们坚持了武装斗争，终于固守了北山根据地，并发挥了这块基地的特殊作用。先是安全中转了突围到鄂西北的一批主力部队；然后在鄂西北主力作战转移后，又安全护送了军区首长王树声、文敏生、刘子久、刘子厚等同志转移到华北；还就地安置隐蔽了鄂西北军区转移来的大量干部、战士。北山为革命战争的胜利保存了大批革命骨干。

北山党组织抓武装斗争是坚定不移的。1947年5月，我军完全撤出鄂西北之后，如何坚持孤悬在敌后的北山，区党委负责人刘子厚指示说："要做到长期坚持，必须高度隐蔽，武装斗争与合法斗争相结合，保存力量，迎接反攻。"北山党组织在执行这一指示时有几个同志曾主张，转入地下，把枪埋藏起来，以求高度隐蔽，保存力量。北山党组织的解家坡会议没有接受这个意见。认为这样做，可能保存转移到外地去的少数同志，但不能保存北山根据地，因而不能保存北山大多数干部，不能保障北山人民生命财产的安全。因为一旦放弃武装斗争，国民党反动派立刻就要在北山恢复乡保政权，反动乡保武装就要卷土重来，地主阶级在北山的反动统治就要恢复，北山根据地人民就要遭到血腥镇压。因此，北山党组织决定继续坚持武装斗争。但如何做到武装斗争与合法斗争相结合，达到隐蔽坚持的目的呢？北山党组织在过去长期坚持斗争的基础上，又创造了一些新的经验：（一）坚持队伍精干、能大能小、集散自如、机动灵活的武装斗争方针。在鄂西北主力转移后，北山已不需要在内外线配合我军主力作战，这就造成北山武装进行隐蔽斗争的客观条件。为了达到隐蔽坚持的目的，北山党组织集合了一支短小精悍的配备短枪的30多人的游击队，将多余的干部、战士就地安排隐蔽于群众之中，同群众一道生产，将长枪埋藏起来。有需要时即将隐蔽人员和民兵集中，需要多少，集中多少，将埋藏的枪挖出来，打完仗就刀枪入洞，人员分散。这就是召之即来，来之能战，战之能胜，战罢回家。换句话说，要打仗集零为整，打完仗化整为零。这种寓兵于民的方式其好处一是目标小便于隐蔽，二是少开支减轻经济压力。武装斗争的主要任务是：第一，打击敌人在根据地恢复反动政权的企图；第二，在北山外打击坚决与我为敌的国民党乡保武装、反共分子、特务分子和奸细、叛徒，瓦解国民党的统治基础；第三，配合在北山外征集资财，以解决财政经济困难；第四，配合统战工作中的打拉活动，并且尽可能使军事活动的进行远离北山根据地，把敌人的注意力吸引到远方去。这就是在山内隐蔽武装目标，在山外相机袭击敌人。北山的同志把这些做法称为屁股坐在北山，手脚伸向外围。这样做，使敌人既知道北山武装力量依然存在，不敢轻举妄动，但又摸不着我们，无可奈何。（二）武装斗争同公开的合法斗争、秘密工作结合起来。由于北山周围的许多敌乡、保公所在我武装斗争的压力下，被迫和我建立各种不同关系，这就为开展合法斗争和秘密工作创造了有利的条件。北山党组织曾经利用"选举""告状"等合法斗争形式，来争取控制北山周围的敌乡、保政权。我们通过党的秘密工作，串联群众把那些坚决"反共"的乡、保长反掉，然后使我能掌握的比较开明的人当选，从而在北山周围广泛建立了两面政权，为武装斗争扩大了活动阵地。

北山党组织就是依靠这样的武装斗争与合法斗争相结合的巧妙形式，度过了最困难的日子。

同时，北山党组织领导的武装还发扬了我军既是战斗队又是工作队的优良传统，学会了做根据地各种工作，如：组织群众进行减租减息、土地改革，帮助群众生产度荒、筹粮筹款等工作。这样，密切了军民关系，巩固了根据地。北山党组织领导的武装斗争绝不是孤立的。在抗日战争时期，它得到五师与襄河分区主力及兄弟县区武装的支援。在解放战争时期，它得到鄂西北主力内外线作战的配合与支援。甚至在 1947 年鄂西北我军主力完全撤离后最困难的日子里，北山也不是完全孤立的，它得到全国解放战争形势日益好转、刘邓大军挺进大别山的支援与鼓舞。这是北山能够长期坚持的一个重要条件。

三、没有北山人民群众对我党我军的坚决支持，坚持北山的长期艰苦斗争是不可能的。

北山人民由于经过大革命与土地革命，民族觉悟与阶级觉悟高。抗日战争与解放战争期间，经过除奸、清匪、双减、生产救灾种种斗争，党发动与组织了北山地区的群众，对群众进行了广泛深入的政策教育。北山人民不仅在各种斗争中配合和支援我军，还输送了大批子弟参加我军，北山武装是名副其实的北山人民子弟兵，大量家属成了革命军属和烈属。这样的军民关系是真正的血肉相连、生死与共的关系。北山人民是我北山武装的力量源泉。

在长期残酷的战争中，北山牺牲了许多好干部、好战士，人民的生命财产也遭到极为严重的损失，但民族败类与阶级敌人，经过反复斗争，也几乎完全暴露，被我军民镇压或做其他处理。可以这样说，经过除奸，北山根据地基本上铲除了日蒋在北山的社会基础与耳目。这是北山能够长期坚持的又一个条件。

北山党组织还通过财政经济工作与减租减息斗争发动群众，使群众在艰苦的长期战争中获得一定的经济利益，生活有所改善。

在北山，除向北山人民征收极轻微的公粮以供军食外，一切捐税给予免除，减轻了人民负担，根据地人民财粮负担远较蒋管区人民为轻。自 1941 年秋收以来，党在北山实行了减租减息政策，直到解放，历时 8 年。经过长期坚持斗争，北山根据地的地主阶级，在农民发动与组织起来的声势下，经过党的政策教育，绝大部分地主按政策规定减租减息，已习以为常。在北山，部分农民在土地问题上得到的利益还不止于此。在北山根据地拥有大量田产的荆钟两县大地主有的成了汉奸，有的成了顽固"反共"分子，北山根据地政府没有没收他们的土地，因党的政策没有这种规定，对他们还是讲双减，这样做防止了对地主阶级引起震动，不利于抗日统一战线，显然是对的。但租种极少数汉奸、顽固"反共"的大地主土地的佃农自发地抗缴租课，也得到根据地政府的支持。这就是北山实行双减政策的实际情况，也是根据地农民自己争得的合法利益。

四、在长期艰苦的战争中，北山党组织锻炼和造就了大批与人民群众血肉相连、有革命精神、有战争与工作经验的北山本地干部。这些干部有无产阶级觉悟，有共产主义理想，熟悉地情、民情、敌情，艰苦朴素，廉洁奉公，是北山人民革命的带头人。如果不培养出这样大批土生土长的本地干部，北山长期坚持也是不可能的。

事实充分说明，北山本地干部如叶云、宁玉廷、郑家坤、刘建章等一批同志，他们既是北山人民的子弟，也是北山人民的代表。一些外来的干部如许猛、王展、李家谟、李炳南等同志在北山坚持斗争中由于同北山人民建立了紧密联系，在某种意义上也可以说是地方化了的北山干部，也作出了重要贡献。本地干部和外来干部在北山党组织的领导下，紧紧依靠北山人民，北山人民也不惜冒着生命危险，援助和掩护他们，经过长期艰苦复杂的斗争，终于取得了胜利。

北山人民的儿子，叶云和许猛、宁玉廷、郑家坤、王展等为北山的革命事业流尽了最后一滴血的烈士们将永远活在北山人民心中，活在荆门市、钟祥县的人民心中，如巍巍北山一样，永垂不朽。

五、北山党组织有成效的统一战线工作，对北山人民武装的活动与发展，根据地的建立与坚持，特别是对解放战争时期的艰苦坚持斗争，起了相当大的配合与掩护作用。北山党组织在长期革命实践当中，懂得了要求生存和发展自己，必须多多争取朋友，实行最广泛的统一战线。

北山党组织远在 1940 年 6 月以前，党处在地下时期，就根据上级党的指示，进行了一系列统战工作，利用合法形式，为准备武装起了作用。

自抗日战争以来，北山党组织一方面依靠武装力量和发动了群众的有利条件，进一步大力开展统战工作；另一方面又利用有效的统战工作来配合与掩护坚持斗争。尤其是在解放战争时期，北山党组织始终把建立广泛开展反蒋统一战线当作一项主要工作。这项工作包括三个方面的内容：上层统战工作、下层政权和地方武装中的统战工作、群众团体中的统战工作。在工作中，采取广泛结交朋友、争取中间势力、孤立顽固分子的策略。为了团结一切可以团结的人，从拥护抗日、反蒋的朋友到落后只讲义气的结拜兄弟，从长期稳固的朋友到一时一事的关系，从积极帮助我军到争取中立，从有影响有作用的社会人物到各种帮点小忙的人，只要对革命有利，我们就与之交朋友，真正做到统得深、统得广。在北山根据地内外，形成了一片十分广泛的、包括各阶层人士的服务于坚持斗争的统战关系网。因而在中原突围后，北山处于孤悬敌后最困难的日子里，我党我军的朋友不是越来越少，而是越来越多，有些朋友甚至越来越坚定，不惜冒着身家性命来为我们做联络员，送情报，掩护伤病员，护送我党我军首长转移，等等。之所以能做到这一点，当然同全国解放战争迅速胜利发展的有利形势有关，更与北山党组织进行了长期细致深入的卓有成效的统战工作密切相关。

北山党组织还运用根据地的各种工作，特别是运用武装斗争来配合开展统战工作。坚决打击汉奸分子和顽固"反共"分子，杀一儆百，威慑一片；打中有拉，打拉结合，以分化瓦解敌人阵营，巩固同朋友的关系，稳定中间势力，这对发展朋友和巩固北山根据地起了十分有利的作用。

由于北山党组织结合实际运用了统一战线、武装斗争、党的建设三大"法宝"，能坚持从实际出发贯彻上级党在各个时期的指示，并运用党的政策争取群众和朋友，因而使我军在根据地内外的一切活动都获得了广大群众和朋友的支持与掩护，加之北山层峦叠嶂、森林茂密，有利于我军分散隐蔽，回旋游击，所以，敌人派大兵用不上，派小兵摸不着，每次发动"清剿"，总是以失败告终。

这些基本经验，是北山根据地的党政军民在长期艰苦的战斗实践中创造出来的，又指导着他们在残酷的斗争中战胜了强敌，坚持到解放，胜利地完成了光荣的历史使命。

人物简介：刘真，1940年6月至1949年7月在襄西、江汉、北山领导根据地的革命斗争。新中国成立后，任中共湖北省委副秘书长、中共武汉大学党委书记。

红旗永远插在北山上

叶 云

叶云

荆门、钟祥两县北部交界的边境上有一条山脉，人们称它为"北山"。北山面积不大，南北长七八十里，东西宽不过三四十里，人烟稀少，但交通四通八达，很是方便：东濒汉水（又称"襄河"），北临洈河，均可行船；西抵襄沙公路（由襄阳到沙市），南靠荆钟公路（由荆门到钟祥）。境内物产丰富，漫山遍野古木常青，野竹丛生，又盛产水果、药材。当地居民世世代代靠砍伐竹木营生，或造纸或烧炭，或制作精巧的日用竹木家具；不多的可耕地，可以种植杂粮；崇山峻岭中蕴藏着煤、磷、铁、滑石等多种矿物，但从未开采利用过。善良勤劳的北山人民，祖祖辈辈用自己的双手，使用极简单的生产工具，日日夜夜向这富饶的山区索取生活资料。是他们——北山的劳动者的血和汗，创造了北山数千年的物质文化。在这样的丰裕之乡，人们能够自足，虽然生活苦些、经济文化落后些，但衣食总是可以维持的。可是，由于历代统治者的残酷剥削，尤其是蒋介石的血腥统治时期，人们虽终年劳累，但仍然衣食无着，难得温饱，有的甚至朝不保夕。人民再不能这样生活下去了。北山人民越来越懂得，他们越穷困，有些人越富足，穷人要活、要生存，只有一条路，那就是斗争，与统治阶级、剥削者们斗争。这是存亡之争。

北山人民反抗统治阶级的剥削压迫斗争有着光荣的传统和悠久的历史，尤其是大革命以来数十载的斗争令人难忘。

在民主革命时期，北山人民就一直在伟大的中国共产党的领导下，进行了无数次革命斗争。在大革命时期，党派共产党员胡孟平、严斌、严子汉等同志在北山地区发动群众，组织农村自治会、农民协会，领导人民进行了长期的反帝反封建的革命斗争。1927年春，党领导北山人民暴动，打土豪分田地等，在尹家湾一带还建立了苏维埃政权。在整个土地革命时期，革命怒潮此伏彼起，从无间断，有"小洪湖"之称。在抗日战争时期，北山人民在党的领导下，坚持抗日，反对投降，不仅恢复了政权组织，还建立了"民族先锋队""农民十人团"等群众组织，十四年艰苦抗战如一日。北山人民的斗争，犹如插在敌人心脏上的匕首。不管外来侵略者和国民党反动派多么残暴、狡猾，革命红旗一直牢牢地插在北山的每座山峰，直到埋葬日本侵略者，直到把蒋介石赶下海，直到全国解放。

北山人民的胜利是武装斗争的胜利，是中国共产党领导的胜利。

在中国共产党领导下的北山革命武装的建立、发展是经过了一条艰苦、曲折而漫长的道路的，抗日战争初期，日军突破襄河，沿襄沙公路和汉宜公路很顺利地占领了沙市、宜昌等重地。日军在这一带奸掳烧杀，无恶不作，而国民党县区乡武装，不仅不抗日，且形同土匪，趁机浑水摸鱼，所到之处洗劫一空。处在水深火热中的北山人民，扶老携幼，背井离乡往深山老林逃难。就是这样，北山人民也很难逃出豺狼的爪牙。青壮年男子被抓去当苦力，一去永不回，妇女被奸淫，老人小孩也不免遭到杀戮，多少人家遭到家破人亡的惨祸啊！中国共产党是劳动人民的救星，襄西党委领导同志发动八角庙、胡家集、牌楼岗等地支部上山打游击，保护难民们的生命财产，我和刘真、段玉美同志率领原叶家闸农民十人团，将所掌握的 8 条枪拖上北山，建立了"北山抗日游击队"，一面抗击日本军队抢粮，一面消灭游匪，掩护群众逃难，经过几个月的艰苦战斗，打垮和分化了一些土匪军队，我们这支游击队由 8 条枪逐渐发展为几十条枪的武装。这时，鄂豫边区司令部派来的毛凯同志率领襄西搜索队在石牌与我们会合，成立"襄西独立团"，开辟了"荆钟抗日革命根据地"。这个根据地处在抗日最前线，这是开展抗日游击战最重要的地区之一。根据襄西党委决定，在"北山抗日游击队"的基础上成立"北山独立营"，黄道屏同志任教导员，我任营长。我们的任务是：在北山根据地恢复发展党组织，发动群众抗日、剿匪、保乡，这是一个光荣而艰巨的任务。这时，巩固根据地是首要任务。为了安定民心、保护生产，在几个月中，我们打垮了洪庙敌人据点，杀死汉奸杨团长，消灭了土匪，群众拍手称赞，异口同声地说"共产党领导的军队是人民的军队"。许多老母亲送儿子、年轻妻子送丈夫来当新四军。各地民兵站岗放哨。日军到处碰壁挨打，再不敢张牙舞爪地进入根据地了。根据地群众认识提高，革命武装力量的壮大，让我们站住了脚。1941年大旱，一连3个多月未下雨，堰塘干涸，水稻颗粒未收，只收获到少量杂粮。日本军队和伪军四处抢粮，我军一面发动群众搞生产度荒，进行减租减息合理负担等运动，一面进行武装反抢粮的斗争。为了抢粮和防范游击队的武装力量，日伪军在根据地周围大大增加兵力、添设据点，在荆门北由1个旅团（属十三师团）增加到2个旅团的兵力。在北山周围，敌人在子陵铺增设1个联队，南桥、三档铺、马家凹各1个中队，牌楼岗1个大队，冷水铺1个中队，唐港尤家集、利河口各驻1个中队，北山西北八角庙、王家集、邓家湾、云雾观、朱堡铺等地各驻1个中队，遍设据点。

一、三条枪的游击战

1942年三四月间，我襄西主力部队奉命向河东转移之后，我们的处境更加困难了。那时，我们留守北山的一共只有20多人，有3条枪，为了便于坚持斗争，我们集中了乡公所和丁锐同志的新兵队、几支撇把枪，一共30多人，成立了一个"北山独立营"，我任营长，丁锐同志任连长。

这时的困难有两个方面：日军在根据地增设了14个据点，敌伪顽四处猖狂活动，不断向我心脏地带进攻，根据地遭到极大破坏与摧残；这一年又遇春荒，我军与农民一样只能以树皮、草根度日。但是，我们没有被困难吓倒。

1942年五六月间，国民党一八〇师两个团、曾宪成部邓克昌一个营和土顽李用民一个大队爬进北山，妄图吃掉我们，连续搜查近半个月，白日里日军出来"扫荡"，夜间又是顽匪的偷袭。那时，我军采取化整为零、分散活动的办法与敌人周旋游击。有一次，我们住在王家湾，被顽匪一八〇师和李用民土顽的几百人、几十挺机枪包围，王子才和通讯员等未突围出去，老百姓急中生智，将他们隐藏在牛栏内，敌人翻箱倒柜，到处搜查，仍然一无所获，只得夹着尾巴溜走。如此三五次总是扑空，匪兵们信心越来越不足。为了转移敌人视线，我部跳到根据地外围活动，我们几十人到荆钟公路以南的皮家集南乡白鹤湾住下了。住下不久，我们派柏光耀同志去联络站取情报，去了很久，老柏没音信，我们估计不妙，于是，冒险在白天朝北山转移，路过皮家集的时候，遇到曾宪成的便衣队，几个贼眉鼠眼的家伙冲上来，我就走到他们面前来诘问，这伙鬼头鬼脑的人回答说："一八〇师的，番号×××，到北山执行紧急任务，要你干涉我们干啥？"我紧接着又反问："你们是干什么的？"说着也气势汹汹地掏出了手枪，便衣队见来头很硬，虽有疑虑，但一时抓不到把柄，无可奈何，赶忙皮笑肉不笑地点头哈腰，连称"对不起，误会，误会！"我们抓紧时间跳出危险区，没与他们过多纠缠，便扬长而去。我估计这伙坏蛋虽被挡过去，回去之后，还会报信的，目前我们危险性仍然很大，一面走，我一面想办法，走出不远见前面山边有隐蔽处，立刻叫同志们钻到山边竹林里一边休息一边隐藏。不久，后面果然来了大队追兵。这些土匪个个活像凶煞神，而又有眼无珠，从我们面前蹿过去了。眼看天已黄昏，北山已经去不得，我们就在这一带隐蔽起来活动，而这个地方不是根据地，群众与我们没有过多地接触，有暴露的危险，我们将计就计，继续冒称顽匪的"侦察队"，住在潘家窝，但暗地里监视敌人。

　　这一次的危险是因为肖家店附近的联络点被破坏，我们不知道，派去的交通员柏光耀同志一进联络点门，就被暗藏的曾部便衣捉住。老柏勇敢机智，挺着百般严刑拷打一口咬定是老百姓，探亲走错了路，始终未暴露我游击队宿地，同时也没法通知我们，敌人恼羞成怒，把他的耳朵割去一只，但仍然什么也未得到。

　　这次脱险之后，我们在潘家窝开了一个会，为迷惑敌人，决定仍然冒用敌人番号，同志们以汉流的哥儿兄弟相称，我装大哥，丁锐同志是老五，王子才同志是老三，以便隐蔽目标，并分散活动，发动群众，打击敌人。

　　由于外围局面仍未打开，部队供给很成问题，丁锐同志见我为这事有些犯难，主动要求去想办法。于是，他带了一支撇把枪，两个同志各拿一个土造炸弹，隐蔽在公路两边的树上。不多久，他们从敌人手中弄来了百十斤盐和一些"日本金票"。这样，解决了大问题，我们立即开回北山。

　　我们在皮家集、潘家窝地带活动了两天多时间，为打击日军，我们采取多种方式：有时派人到公路上打汽车，破坏敌交通；有时也用"以毒攻毒"、制造敌顽间矛盾的办法，使其自相残杀。比如，我们用顽匪番号写了一些打倒日本鬼子的标语，趁夜出奇兵袭击日军据点，破坏公路桥梁，同时张贴标语。就这样，顽匪在莫名其妙的时候挨了打。顽匪挨打的时候，我们游击队往往到战场上搜集到许多武器弹药，得到了补给，也有了休息的机会。

　　在敌强我弱的情况下，我们坚持毛主席"敌进我退、敌驻我扰"的军事思想，疲劳敌人，为歼灭他们创造有利条件。

　　有一次，顽匪邓克昌营和李用民大队到我区"扫荡"，他们四处寻找我们，一连好几天，疲于奔命，没有什么收获。等他们刚在罗家沟住下，当夜我军一阵急行军，赶到敌人驻地，突然袭击，打得顽匪惊慌失措，连队伍也未能集合起来，只得抱头鼠窜，逃命去了。经过几次袭击，我军神出鬼没，顽匪摸不清我们的动向，而又处处挨打，以后再不敢来我区"侵扰宿营"了。经过几个月的斗争，敌军士气衰落、伤亡惨重，而我军得到了休整，力量进一步壮大，我游击队由原来 3 条枪的武装，发展到一支拥有几十条枪的部队，不仅有长短枪，而且还有机枪，这些武器大部分是在这几个月的游击战争中从日军手中夺来的，从顽匪手中送来的武器也不少。顽匪这时虽说不是我们打击的主要对象，只因他们不抗日，一味打击人民抗日力量，卖国求荣，鱼肉人民，在忍无可忍的时候，为了坚持抗日，只得适当教训教训他们。不久，我们游击队扩大成为"襄西支队"，打通了北山与荆南、荆当的联系，与襄东党和司令部也取得了联系。与党取得联系后，我们心里有了底。这时，党指示我们抓紧时间休整，并给我们补充了武器和人员，调宁玉廷同志任襄西中心县委书记兼襄西支队政委，命我为支队长。

　　胜利是振奋人心的，老百姓常说"新四军真是神兵福将"。战士们个个斗志昂扬，他们高兴地唱着："我们是人民的子弟兵，到处群众是亲人。山林野地是我们的天然营房，不怕敌不畏顽，有毛主席的领导，我们就能把他们消灭光。没有枪弹敌人给我们造，没有衣粮群众给我们送上。我们坚决抗战到底，保卫我们的家乡，最后胜利是我们的。"北山人民群众也编着"十想十恨"的歌，讴歌毛主席、共产党的好领导。

　　我军在与敌人的斗争中，几个月来一直未睡过一夜好觉，吃、用都很缺乏，但仍一直坚持斗争，毫不懈怠。

敌人见硬拼占不到便宜，就改用软拉办法，企图瓦解我军。有一次，日军宣抚班主任叫维持会（汉奸组织）给我们捎来一封"劝降"信，用"金票""地位"来利诱，以"杀头"威胁我们。无论哪种手段，都未能使我们屈服。利诱不成，日军原形毕露，出动几百人的队伍连续"扫荡"两星期，但我们游击队一根汗毛都未损失。我们还是胜利了。

这个胜利，是因为有党的领导、有群众的支持，是灵活运用三大"法宝"及全体同志在艰苦困难环境中抱有必胜的信心所取得的。

二、三战胡家集

北山根据地有一个胡家集。我军经常在这一带出没，胡家集基本在我们的控制中，不过，我军不在集上驻。因为我们常在这里活动，顽匪勾结日本军也把这里当作"扫荡"重点。1942 年 6 月到 8 月，我军与顽匪在这里打了 3 次仗。

一次是在 6 月上旬，顽匪曾宪成部的邓克昌、李用民带领 300 多人"扫荡"胡家集。我军闻讯后，分析了敌人情况，他们人虽多，但狂妄自满，不明情况，以为新四军已经不在这里了。"骄兵必败"，我们抓住了敌人麻痹大意的战机，准备打他个措手不及。我们在街口山边松林中安排了两条枪，当顽匪前锋刚走进街的石桥时，我们的枪突然响了，接着好几个敌人倒下去了。被卡断的敌人慌忙后撤，乱成一团。他们退下去之后，见我们未追击，又卷土重来，还是在刚才挨打的地方又一次触了霉头。

经过这一连串打击，迫使他们龟缩回去。

顽匪是不能从失败中吸取教训的。曾宪成、李用民上次吃了亏、挨了打，在同月下旬又到胡家集来抢劫，而且更加猖獗，公开坐在集上要款要粮，交不出的人就殴打。这天，我们正在胡家集西南两三里的王家湾。侦察员回来报告，说顽匪在镇上大吃大喝，逼粮还要钱。我们立即带了五六个人、5支枪，分三路向街的西南隐蔽前进。尖兵到街口土地庙边一枪便打倒了匪哨。匪军大队长李用民闻枪声后，提枪冲到街口，还没等他弄清是怎么回事，他的左肩已被打断。集上的敌人已经混乱，横冲直撞，各奔东西，狼狈不堪。这一仗打得漂亮，我军无一伤亡，还帮助居民追回了不少财物。

胡家集的第三次战斗是发生在7月。

这一天，晴空万里，烈日当空，土木生热，坐在屋头上还直淌汗。农民们正冒着烈日紧张地割谷。顽匪待谷子割倒以后，四处抢粮。不过，挨过几次打，他们多少有些不敢随便行动了，趁这个空，我和王子才同志带着手枪，穿过大街，到胡家集去了解情况。我俩经正街到了一位做地下工作的刘同志家，在那里谈了一会情况，就从后门出来转到王子才同志的岳母家，准备吃饭。王子才的岳母杨老太太急忙跑进屋说："不好了！集上有一伙可疑的人在活动。你们……"可能是我们进街时被暗探发觉了。我们赶紧从后门溜上了山。不久街上已塞满匪军，敌人正在挨门挨户搜查。敌人既然敢离开巢穴，这肯定又是一个战机。机不可失，我们马上将队伍集合起来，把情况一说，同志们无不摩拳擦掌，个个要求立即出战。我们人数虽不如敌人多，但士气很高，于是决定攻击敌乡公所。顽军被打得晕头转向，丢盔卸甲，我军乘胜追击，一直把他们赶到笔架山。这一次给敌人的杀伤很大。等胡家集顽匪赶来时，战斗已经结束。

这三次战斗，顽匪吃了大亏。我们不仅在军事上得到了补给，同时，群众与我们的关系更加紧密了。

三、反"扫荡"战

1942年夏季，因为发生春荒，农民生活十分艰难，而日军的活动也更加猖狂。日军与国民党联合"反共"，想趁着饥荒年月消灭我们。我们几次能从敌人眼皮底下溜过去，这主要是我们跟群众有着血肉联系，是群众支持我们的结果。这时，我根据地人民虽然只能以野菜、糠巴度日，但军民团结无间、相互帮助。我们游击队员经常化整为零，帮助农民搞生产。当我们遇到危险的时候，农民总是不顾灭门之祸，千方百计地掩护我们。日军到根据地来"扫荡"，虽然也抢粮食，但他们的主要目标还是想消灭我们，他们把这支人数不多的游击队看成心腹之患，但是，因为我们有群众掩护，不仅每次安全脱险，还能乘虚打击敌人，虽然我们人数不多、装备极差、给养困难，面临几个方面占绝对优势的日军和顽匪，但我们这支小小游击队能坚持下来，这便是胜利。与日军虽未作正面的、大规模的战斗，但是，我们有毛主席军事思想作指导，在广大群众的支持下，常常出奇兵杀伤敌人，拖住他们的腿，使他们在中国土地上动弹不得。

敌人采用惨绝人寰的"三光"政策，妄图"肃清"钉在他们眼珠上的钉子。然而，他们办不到，就连我们的动向他们也摸不清。革命的武装力量得到了发展，我们胜利了！这充分表现了中华儿女不屈不挠的反侵略志气。

1942 年 5 月初，我们在胡家集南三四里的廖家湾，正在搞午饭吃，通讯员急如星火地跑进来对我说："支队长，不好了！对面高冲上有敌人。"我们刚出门，后面的机枪响了，前面的同志还没跑到山边，就被埋伏在麦田中的日军堵住了。我和另外两个同志是最后出来的，经过田埂，往对山跑，突然发现敌人都伏在麦田里，立即折回。日军也都站起来，在我们的后面叽里呱啦地直叫唤，紧追不放，但不开枪。他们是想捉活的，这样我们跑了五六里地，敌人还是死咬住不放，幸好，山边上有一窝刺竹林子，我急中生智，猛冲进刺竹林，又钻进了大松林，抬头一看，日军还在围着对面竹林子叽里呱啦团团转圈子。我们放心躺下休息，敌人以为我们还在竹林子里，严严实实把个大竹林围住，一脚一脚地会合，搞了半天，连人影子也未发现。日本兵又惊奇又着急，拼命地对着竹林子放了一阵枪炮出气，也好，让他们多破费些子弹也不错。不过，我们有两个小通讯员同志未能冲出来，被敌人捉到牌楼据点酷刑审问，但他们一言未发，日军让军犬咬死了他们，他俩死得惨，但很英勇，至死没有泄密。同月，我军夜宿李家湾，我们想弄点饭填填空了一天的肚皮，突然听到各村狗叫，我们的侦察员出门不久，就急忙退回了，发现了有用青草、树枝伪装起来的日本兵。我们迅速往外撤，准备分散隐蔽。我和通讯员最后出门时，敌人已上了禾场。幸好敌人没有目标，到处乱摸，天很黑，又有点小雾雨，敌人没有发现我们，我和几个通讯员在山上高一脚低一脚，穿来穿去，连爬了几块小稻田，天已拂晓，又看见从牌楼岗出来 100 多日军，我们急忙闪入一间茅屋内。一位老妈妈看见我们的装束和神色，心里早已明白了一半，二话没说，就引我们到屋后去隐蔽。她的小儿子也颇懂事，亲自到房外去眺望。小家伙出门走了不远，见敌人已向这个村子来了。他一面故作镇静地往回走，一面高声喊着："妈妈！我来了！"这是报警，我们立即经后门穿过麦地，爬行到一条港边，急忙蹚水到了对岸，把敌人抛到了后侧，我们跳出了包围圈，敌人还不知情，又白忙半天。后来知道，这次日军下了很大决心，出动了子陵铺、八角庙、牌楼岗 3 个据点的全部人马，想一声不响地捏死我们，可计划还是落空。

日军徒劳扑了两个空。见来硬的不行，就用"软化"办法，想以高官厚禄为钓饵引我们上钩。

我们也吸取了两次遭到偷袭的教训。白天游击队员多分散在群众中，同他们一起劳动，谈家常，了解群众疾苦，帮助他们解决困难；夜间集合起来，袭击日军据点，打击一些屡教不改的汉奸、民族败类。这时期，也经常注意根据地内的锄奸工作。这些汉奸不仅给敌人通风报信出卖我们，而且狐假虎威残酷压榨人民。有他们在，游击队活动受限制；有他们在，群众就不敢参加抗日活动。根据党的指示，对于汉奸，一些能够接受教育，有悔改诚意的，经教育后释放，多数人不敢再向日军报实信，不敢再过分为非作歹。我们也杀掉了一些屡教不改、民愤很大的汉奸。这样，既为人民除了害，又割掉了敌人的"耳朵"，挖掉了敌人的"眼睛"，使日本兵踏进根据地这块神秘的地方，成了"聋子""瞎子"，笨手笨脚，寸步难行。

日军也知道，不论"三光"政策多么残暴，也无损游击队员一根汗毛，计穷无奈，只得使出最笨的办法，日军联队司令部宣抚班主任写了一封又臭又长的"劝降"信，强迫我家兄送来，这封信，无非放了一些什么"投降受编则金票、美女、军长、旅长大大的有"的臭屁，当然也说了一些威胁的话，什么"否则，大皇军的扫荡啦""三光政策啦""鸡犬不留啦"，这只不过是古今中外一切反动派外强中干的一贯伎俩而已，共产党人、人民的子弟兵哪能相信那一套呢？对于强盗们在中国领土上横行霸道、烧杀奸淫，我们忘不了这些血海深仇，所以眼睛更亮、觉悟更高。

狡猾的敌人，见我们没上他们的钩，原形毕露。6月间，这位"宣抚大人"不辞劳苦，亲率成群骡马及大批机枪大炮，如临大敌，在北山根据地的杨家庙、邓家庙、仙女庙、百家庙一带一口气"扫荡"了半月之久，还发昏地大叫大喊"这次非捉住叶云不可""不消灭新四军死不甘心"，以为用这种"梳篦战术"就能一网打尽我们，结果仍与往常一样，我们安然无恙。

我们有的是办法。脚在我身上，你能走，我也能走，你到我这里来，我就到你那里去，这就叫"换防战"，也叫"贴烧饼战"。

敌人出来紧张地搞了半月，发了一通兽性，凡是他们认为形迹可疑的人都捉去了，可是一个新四军也没有。有天傍晚，我同通讯员下山侦察，刚上路，那位曾夸海口非活捉我不可的宣抚主任，就带着几百人马，无精打采地迎面来了，尖兵离我们只几百米远，我俩不慌不忙地往秧田里走。夹到一群正在除草的农民中和他们一起认真地拔草，日军过去了，农民打趣地说："唉！这么多人找新四军，就像在地上找绣花针一样，搞了半个月连根汗毛都没找到，今天碰面，又不认得，真是睁眼瞎，活该完蛋！"

这年冬天，天寒地冻，大雪纷飞，我游击队近百人集中在胡家集南廖家泉，大家都在烤火，只放了两个监视哨。这一次，几百个日本兵加大炮机枪又将我们团团围住，我们准备抢占对面高地，敌人已强占侧背高山，机枪大炮一齐扫，封锁了门口前场，我们赶忙冲过开阔地，蹚过冰冻的水泡田，跨过独木桥，无一伤亡，还占领了高地。占领高地之后开始反击，打死打伤敌人3个，日本兵抬着伤号败兴而去。此后，老百姓普遍说："新四军真是神兵天将。"有的老人还以为有神灵在保佑我们哩！

日本"扫荡"，我们"反扫荡"，针锋相对，我们的游击队常常是以一当十、以十当百地与敌人作战，日军要消灭我们，而我们不仅保全了自己，还给他们增加了点伤亡，我们胜利了！

四、两次内部叛变

我们每次胜利给敌人的打击都是沉重的，我们运用毛主席的灵活战略战术原则，神鬼莫测，日军在北山处处被动挨打，越来越孤立，也越来越残暴，敌人的残酷屠杀、疯狂掳掠，只能证明他们内心的恐慌，外强中干。面临死亡的敌人，见硬的不行，就施以利诱，利诱不成，则妄图伺机从内部来瓦解我们，敌人时刻在寻找革命队伍中的败类加以利用。

我们的同志为了人民的利益能吃苦耐劳、不怕牺牲，不少同志在革命战争中悲壮地牺牲了，用自己的头颅和鲜血铺平了革命道路。英雄们的事迹时刻鼓舞着我们。

但是，游击队里也存在个别人怕艰苦、怕牺牲，贪图苟安，为敌人所利用，堕入反革命的泥坑。

在坚持北山抗日根据地游击战的一段时期中，我们北山游击支队接连发生了两次内部叛变。

1942年6月，中队长雷某发动叛变。他原是主力东撤时的掉队人员，经我们收留归队，加入游击队之后，经不住艰苦革命环境的考验，看不到前途，终于蜕化变质，他借口结婚请假回家，却偷偷地去干出卖革命的勾当，在冷水铺与日军勾结上，密谋屠杀游击队的干部后拖枪投敌。当他又去做胡子旺班长的工作时，胡班长就把这个阴谋向我部队管财经的李精华同志说了，老李立即将雷捆了起来，我们几个支队负责人回来后，对雷进行了审问，情况属实，当夜杀掉了叛徒。

七八月间，中队长张某（别名张猴子）和指导员周某在北山恶劣环境中觉得敌顽经常"扫荡"，环境紧张，由于分散活动缺乏教育管理，他们贪污腐化，想脱离革命。那天，他们趁我和另外几个支队负责人不在，恰巧区署刘指导员派通讯员送信，向支队报告张、周有叛变行为，通讯员不知信中底细，误将信给他俩看了，张、周两个叛徒立即召开班长、排长会议，宣传他们的反革命计划，主张先杀掉我和刘建章、王复初，后拖枪投敌，也有主张挟持区署、乡公所人员投敌。当时，班长、排长为拖住叛徒，与他们周旋了一番，随即派人给我们送信。我们几个支队负责人在乡公所吃饭后正在屋内休息，忽然有老百姓来送信说："你们部队上山了。"我们估计可能有情况，立即出去找到排长，才知道张猴子等已经叛变，我们追了一程，叛徒已经进了敌人据点，我们只好返回根据地。后来日本军队利用他们引路，来"扫荡"我们，几次扑空，连游击队的影子也没看见，日军对他们起了疑心，把他们给杀了，这就是叛徒的下场。

五、两次夜行军

1942 年 9 月，气候逐渐转凉，秋风吹动树叶沙沙作响，天亮前的浓露，对于我们装备极差的游击战士来说，都是一种灾难。敌人趁我们困难的时候，频繁调动，步步进逼。为预防敌人偷袭，我们夜晚只得在山坳草堆中宿营，就是这样也难得一宿安眠，刚睡暖和，又得爬起来转移。有时一夜要换三四个地方，跑几十里路。同志们心里明白，我们是在为千百万工农劳苦大众的解放事业奋斗，上刀山、赴火海也在所不惜。战士们的身上虽冷，心里却是温暖的。

有天晚上，我们在杨树店西北的柏家湾驻扎下来。我带着一部分游击队员去锄奸，出发以前，并未得到敌人"扫荡"的情报。我们走后不久，留守的部队就得到了日军出动的消息，通知我们已经来不及了，就立即转移了。等我们完成任务，带着案子（奸细）高高兴兴地返回驻地的时候，杨树店已被日军封锁，我们的尖兵从小道上跨过冲口大路快接近封锁线。在进杨树店的西边路口上，见路边拴有许多骡马，马蹄上都套有"草鞋"，一些牲口驮来的大炮、机枪卸在一旁。也未看清有多少敌兵，只见他们怀抱着枪支，东倒西歪地在那里酣睡，大概是太疲劳的缘故。没料到我们会突然出现在身边，连哨兵也未曾发觉。趁这个空当，我摸了日军的一支枪，迅速地冲出了封锁线。一个急行军，来到荆钟公路南梯子坡，把敌人远远地扔在后面。

以前，日军出没的情报，多是他们的谍报员事先通知我们的，而这次日军行动，我们却没有得到消息。原来是日军变"滑"了。他们已感觉到谍报员中有问题，这次得到我们在杨树店活动的消息，他们将谍报员找到后就立即出发了，使谍报员来不及向外送信，并且连马蹄子都伪装起来，可见其决心之大。

侵略者自然不肯善罢甘休，逮不住我们，就拿百姓出气。他们在附近村庄连烧带杀，发泄了一通兽性。

10月的一个夜晚，我军正在胡家集东潘严坪，日军闻讯后立即从各个据点蜂拥而至。很明显，他们企图分兵合围，一网打尽我军。

这天正好是个月黑夜，伸手不见五指。我们在潘严坪得讯后没有歇多久，又立即出发了。当走到严李巷一个村庄前，就与日军遭遇上了。只见电筒一闪，我急速赶到前面一听，听到日本兵走路的皮鞋声。这时已来不及退走，大家不约而同地就地卧倒，顺势滚到篱笆边。这些张牙舞爪的强盗，纵有火光借助，也仍是有眼无珠，从我们身边走过，并未发现我们。

六、与日军捉迷藏

我们游击队的任务就是出其不意、攻其不备地打击敌人，消耗敌人兵力，保护群众的生命财产安全。同时，发展革命武装，以便配合正规军消灭侵略者。

1942年冬月，大雪纷飞，天寒地冻，我们为疲劳日军，利用他们的谍报队人员向他们谎报某地有新四军。同时，我们以少数力量埋伏在山林中，给予突然打击，然后迅速转移，时东时西，牵着敌人的鼻子爬山越岭，当大队敌人疲于奔命时，我们再围住他们打，然后离开。敌人因被我游击队牵着鼻子跑，到处扑空，天色已晚，又被大雪所阻，回据点已经不可能了，不得不在野外宿营。这一次，日军被引出之后，被迫驻扎在胡家集北沙坡侯姓家中，我们则驻扎在侯家村背后刘姓家中。晚上，我们的哨位与日军的哨兵同在一个山坡上。我们看得到他们的一举一动，他们却看不到我们，第二天一早，日军只得垂头丧气地回据点，事后群众高兴地说："日军有眼不识泰山，到处找新四军，可新四军和他们睡了一夜也未发觉，新四军真神。"

1942年春，敌顽相勾结，三面夹攻，我游击队的活动区域一天比一天缩小。2月间，荆门城、牌楼岗、子陵铺3个据点的日军加伪军保安队，共有数百人，"扫荡"仙女庙地区，把我们围在方圆不到10里的解家坡，这简直插翅难飞了。这天雾大，对面不见人，在人数、装备上占了绝对优势的敌人，因雾大，提心吊胆，不敢贸然前进。我们趁机撤出，未待敌人合拢，外围的枪响了，敌人还在里面瞎摸，枪响过后才急忙仓皇收兵。这真是竹篮打水，又是一场空。

敌人撒出大网，我们不上当，藏起来，钻出去，趁机袭击，有如儿童捉迷藏般。

敌人对我们百把人的游击队，如临大敌，戒备森严。我们面临数以十倍的敌人，视为儿戏一般，这样，日军恼怒发狂，有一次，烧毁了我们住过的民房。

在这次反"扫荡"中，女同志蔡华民因脚上生疮隐蔽在解家坡附近蔡姓家中，不幸被伪保安队捉押到荆门坐牢，后经设法营救才返回北山。

七、一夜两战斗

1942 年 9 月，我接到襄西司令部的一道命令，指示我们给襄东司令部送机枪弹药和护送在洪山公学学习的 20 多名青年干部过汉江。

由襄西往襄东中间横着一条荆钟公路和襄河，荆钟公路和襄河都被日军封锁，公路毕竟在陆地上，要过去还比较好办，隔山容易隔水难，襄河只有几处日军指定的渡口。白天，过往行人，上下封江，大小船只集中由日军看守，由北山到襄江西岸相距 70 里，这 70 里中荆钟公路是日军控制，要通过这 70 里也非易事，而一水之隔，更是比翻越崇山峻岭更难。

困难再大，也没有游击战士的勇气大。

为了与上级联系，少不了常常需要过江，我们或白天化装分开过渡，或夜晚偷渡，这一次人数众多，且带有武器，连护送的人有 30 多个，加上 2 挺机枪、2 支手枪，要想公开过渡是不可能的，所以决定晚上"偷渡"，商量好联络信号，前一日派交通员去搞船。次日傍晚我们整装出发，出门不远，刚到杨家庙，就碰到李用民、邓克昌部顽匪数百人，一接触就响了枪，由于我们有任务，不便纠缠，边打边走，打了一个多小时才摆脱了敌人。在这场遭遇战之后，继续向襄河边前进，穿过荆钟公路（日本军队的封锁线），翻过梯子坡，已近半夜，连战斗带 30 里路的急行军，大家都有些累了，然而，同志们仍在努力往前赶。当我们正走在吴家集西肖家港山坡上，又遇到了顽匪，这次是曾宪成部的李玉龙大队，由于我们主动，以 2 挺机枪扫射，火力又猛，惊天一雷，打得顽匪措手不及，李玉龙大队被冲得东逃西散，不知其所以然，是新四军还是日本人，一夜也没有弄明白。我看过江的时间已经耽误，只好回北山。

这一夜渡江的目的虽未达到，但是，同志们为完成党交给的任务，坚韧不拔的精神是值得一提的。后来再次出发，成功了，任务完成了。

八、抽签战

1942年夏，因为1941年的天旱歉收，春荒吃紧，于是春麦成了群众的命根子。顽匪曾宪成部邓、李二匪率部队到我区尹家湾、孔家湾一带抢割我基本区老百姓的麦子，并破坏已下种的秧苗，我们游击队坚决保护群众利益，与顽匪邓、李部进行了顽强的斗争，不许匪部来抢割我区老百姓的小麦和破坏秧苗。有一天，邓、李二匪士兵数百人带镰刀、钎担来割百姓的小麦，被我们游击队打跑了，他们达不到目的，就勾结日军从两面夹击我部，企图消灭我们。

在多年的游击战中，我们摸索出不少对敌的方法。

我们一方面放出消息，有意暴露我们游击队活动的地形，另一方面，我们把部队拉出去，打击正在抢粮的顽匪，我们一面打一面退，引他们上钩。日军听说我军也出动的消息后，就派部队来，一听到枪响，他们就猛往上冲。他们一时也分不清哪是我军，哪是顽匪，只听哪儿有枪声就往哪儿冲。游击队见日军一来，分两面同时向日军、顽匪猛打，等到日军与顽匪接上火了，我们游击队逐渐从中撤出，悄悄离去，日军挨了打，就像疯狗一样猛攻，这样一来，顽匪也尝到与日本人作战的滋味了，只得边打边退。日军一时分不清是新四军还是国民党军，越攻越猛，越追越远，我军稍事休息不慌不忙地下山去打扫战场，收集顽匪丢下的枪支、弹药。结果顽匪和日军都吃了亏，而我们游击队得到了武器。

连续几次上当，顽匪也想用同样的办法来对付我们。有一次，顽匪一面与我们纠缠，作出进攻状却不前进，一面去引日军。由于我们识破顽匪计谋，不去上钩，顽匪求胜心切，见我们不肯前进，就愈加跟我们纠缠。这样一来，我们又主动了，牵着顽匪的鼻子转圈子，转来转去，把顽匪扔在日军的面前，日军在后面打，我们在前面顶，把顽匪夹在当中，顽匪像我们一样也想抽，而尾巴被我们踩住抽不动。

九、十天两战斗

1943 年 2 月，我襄西支队担任荆钟、荆南、当阳 3 个根据地的抗日任务。当时，只有一个支队部和一个排的兵力在北山，不过，根据地的群众已经发动起来，各村民兵、妇女、小孩都不分日夜、天晴下雨地站岗放哨，所以敌人也奈我们不得。

有一天，我们驻扎在胡家集西苏家坡，邓、李二匪集结 300 多人包围我们，他们出动我们本不知道，早饭后，突然听见山上号角告警，我们立即撤往蔡家院后山上，做好战斗准备。顽匪 300 多人，七八挺机枪步步进逼，我们只得自卫还击。从早上 8 点直到下午 4 点，他们对我高地多次发起冲锋，我们阻击成功，他们除了拖走 28 具尸体外，什么也未得到，我军无一伤亡。

这一天战斗，有很多群众出于义愤，跟着我们跑；我们到哪里，他们缠到哪里，赶都赶不走，我们射击时他们帮助瞄准，有群众的支持，我们又胜利了。

顽匪不甘心，又卑躬屈膝地求日本人帮忙。傍晚，牌楼岗的日军骑兵果然出动，我们是来者不拒，一顿猛打，我队政委宁玉廷同志被日军机枪打中，英勇地牺牲了。宁政委阵亡，是日军欠下的血债，也是国民党顽匪欠下的血债。

1943年3月的一天晚上，我襄西支队率一个连驻杨家庙附近的杨家湾，得情报说曾部张云阶支队、邓克昌营、李用民大队共1000多人，四面包围我根据地，企图一网打尽，实行"三光政策"。我们研究了一下情况，决定用"麻雀"战术以少胜多，坚决打击顽匪，不让群众受损失，我们将连队分散，以班为单位，机动地转移到包围圈外，掩其不备，我区基本群众和民兵基干队以快枪、土炮呐喊助威，因为雾大，顽匪未发现我兵力所在。牌楼岗、子陵铺的日军离得虽近，因视线不佳，怕吃亏，也未出来，打了3个多小时，顽匪渐渐不支，恼羞成怒，放火烧掉民房10多间，杀死群众10多人，抢走耕牛几十头。

这一次战斗，我军没有伤亡，可谓全胜，但群众损失惨重，此仇不可不报，他们能到根据地来烧杀掳掠，我们也能到白匪区去打击那些为虎作伥的地主恶霸，夺回顽匪在我区抢去的老百姓的耕牛、财物，没收他们的不义之财，偿还群众的损失。

此后，地主恶霸再不敢支持顽匪行凶了。

十、政权斗争

1942年，国民党发动3次"反共"高潮以来，大股武装顽匪深入我区，实行军事、政治扩张，顽匪李、邓二部与日军配合，在我北山根据地施行残酷的"扫荡"，搜索抢劫，继而在胡家集一带笼络一些地头蛇建立乡政权，公然在胡家集成立乡公所，派爪牙钱友民当乡长，在我区摊派苛捐杂税，搜刮民财。群众对这些"刮民党"恨之入骨，提起他们无不切齿，一再要求我们消灭他们。

6月间，天气炎热，钱乡长率10多名乡丁又来了，群众急忙派一女同志给我们送信。我们游击队6个手枪队员，全部化装成农村妇女模样，提着篮子，佯装拾谷穗，慢慢接近敌人，就这样一枪未发，将钱乡长俘获了，并缴获短枪1支，为群众拔除了一棵祸苗。

钱匪被我处死刑以后，又派来爪牙王俊杰为乡长，不久也被我们消灭，缴获步枪1支。

第三次，顽匪派丁盲民来当乡长，在鱼肉人民方面他也毫无收敛，只是比以前更狡猾了，前任乡长的下场是他的"榜样"，他寸步不离队伍，时刻提防着。9月间，他在杨家店被我们包围并消灭了，他与他的前两任的下场一样，不过，这次他们死的人更多些，丢的武器、衣物、款子更多些。

第四次，顽匪利用投敌的叛徒鲁玉九当乡长，我们当然更不能让这个罪犯再来残害人民，多次想消灭他，都被他溜脱。鲁玉九了解游击队活动的一般规律，不过也未能逃脱人民的法网。那天日军出去"扫荡"，我们同日军打了一阵之后，转移到了山上，不料顽匪乡公所也隐蔽在这座山上，真是"踏破铁鞋无觅处，得来全不费工夫"。叛徒鲁玉九终于被我们镇压，当时群众要求我们千刀万剐他，可见人民对他的仇恨之深。

乡公所是国民党政权的基层组织，乡长是地头蛇，如不消灭他们，群众就发动不起来，我们也站不住脚，这一年，我们连续杀掉了 7 个反动乡长，胡集的乡一级政权终于为我们所掌握。

十一、开辟交通线

自从襄西地委和司令部撤到襄河东边以后，我北山地区就与上级失去了联系。一个革命者失去上级党组织的领导，就像没有爹娘的孤儿一样，就像没舵的船在漫无边际的海洋上漂泊，我们迫切地希望与上级取得联系。为了打通与上级联系的交通线，我们付出了巨大的代价。

由北山去襄东，中间隔着一条荆钟公路、一道襄河，外加 70 多里的封锁线，而最困难的是襄河难渡。襄河是被日军控制的，上下船只被他们掌握了，白天只有几处是日军指定的渡口，盘查甚严，稍有嫌疑就被杀头，晚上封江。

我们想了许多办法。曾经将联络员化装成蔬菜小贩，妇女走娘家，把信藏在发夹中、月经带里，甚至身体内，公开渡江。这都有被查出的危险。晚上偷渡比较好些，但必须事先与江东联系好，晚上我们以火光作信号，他们派船来接。问题是河西 70 里封锁线不好过，到了江边，往往又与江东联系不上，再退回去也很困难。有一次，我们要去襄东司令部汇报，想偷渡，结果因涨水，对岸没有看见信号未联系上。天已大亮，日本兵出来巡逻，危险很大，我们用贴烧饼的办法，躲过敌人，把武器藏在村内羊草堆中，又到湖边水草中去隐蔽，水草又矮，坐在中间都隐蔽不住，大家只好卧在泥水沙滩中，挨过一日，傍晚才把枪支取回，重新与襄东联系，这一次才总算过了江。

把枪藏在柴草堆中也是有极大危险的，老百姓见我们去取枪吓了一跳，他们说，日本人每天来收草料，幸好今天未来，我们忙向他们解释，当他们知道我们是新四军的游击队时，才赶忙烧饭给我们吃。

有一次，刘真同志率一个连队到北山传达上级指示，正要出发，有顽匪数百人在大石门上，我们与他们打了一仗，刘真同志被敌人骑兵冲散，在竹林中藏了半天，晚上群众用两个大木盆绑好才把他送过河。

同年冬天，我带着手枪队护送干部过渡，也是费时两夜才联系上，因船小人多，往返3次，最后一船因雁叫惊动了敌人，被打翻，我们手枪队8个连排级干部全部落水牺牲。

1943年，我军开辟襄南，成立襄南军分区，我们划归襄南领导，以后与上级的联系就方便了。

1943年5月，襄南地委书记张执一同志、司令员吴林焕同志通知我去汇报情况。我挑上一副竹筐，化装成商贩，到襄南去贩鱼。由交通员张驼子在前面引路，我们穿过荆钟、荆洋和汉宜公路，沿途经过不少敌人据点，由于多年打游击没进过据点，见到日本人在走动，心中总有些发慌，以为他知道我是新四军、共产党，可喜的是张驼子很老练、沉着，一直把我安全地带到襄南司令部，见到张政委、吴司令员，汇报了情况。党委决定派两个团配合襄西支队打击顽匪，在荆南柴家集西段家榨打垮了姚金陵部，缴获了机枪 1 挺、轻机枪和步枪 100 支、弹药不计其数，北山的局面打开了，从而把荆钟、北山、荆南、路东、路南和当阳抗日游击根据地连成了一片，成立了襄西中心县委和军事指挥部，恢复了襄西政权及民兵等组织，群众对胜利的信心大大加强。

从 1942 年国民党顽固分子不顾人民利益，掀起"反共"高潮以后，我主力部队为了团结抗日，避免摩擦，转移到襄河以东，留下少数武装坚持襄西、荆钟、北山游击根据地。北山是襄西军事要冲，抗日战争开始以后，这里又成了牵制敌人兵力的战场，也是揭露国民党顽固分子假抗日、真"反共"的好地方。这个地区驻有敌伪顽武装，战斗频繁，北山又是大革命以来的老根据地，在任何困难情况下，不息地坚持斗争，它的意义就更大了。我们北山游击队始终坚持战斗，在这里迎接了十四年抗日战争的胜利，迎接了全国解放战争的胜利。我在这里的回忆只是北山游击队在抗日战争中坚持斗争的一些片段。

人物简介：叶云，东宝区子陵铺镇人，曾任北山工委书记，襄西支队支队长，北山独立营营长，荆钟县县长。新中国成立后任枝江县县长，湖北省宗教事务处处长。

忆叶云

刘 真

我敬重叶云同志，在抗日战争和解放战争的岁月，我曾同他一起在襄西工作和战斗过。他全心全意为党为人民的革命精神，严于律己、宽以待人、顾全大局、团结同志、实事求是的优良作风，均为人们所称道，至今铭记在我的心中。

一

叶云是组建北山抗日武装的主要领导人之一，参加并指挥过襄西敌后抗日游击战争和坚守北山基地等一系列艰苦的斗争，为创建襄西抗日根据地作出了重大贡献。

叶云解放前使用过的竹箱

我和叶云是 1939 年 8 月在荆北地区认识的。当时正处于秘密进行抗日游击战争的准备时期。中共荆当远中心县委为了适应蒋介石限制共产党活动的新形势，保证我党地下组织的安全，决定撤销荆钟特区委，并调我到荆北分管荆北钟西（当时钟祥县河西的三、四两个区）两片地下党的工作。以前这两片是由中心县委组织部部长吴云鹏分管的，他在向我移交工作、介绍荆北党员骨干时，重点谈到叶云的情况。吴云鹏的简要介绍是这样的：

叶云（原名叶尧若）家住湖北荆北的叶家闸村，家庭小地主，有田30 多亩，自种一部分，出租一部分，虽不算当地户，但经济状况还好。1926 年，叶云在荆门龙泉中学读书时，参加了学生的秘密革命活动。1927 年秋，加入共产党。1931 年 4 月，红军攻占荆门县城，经过党在学校的地下组织的动员，叶云和数十名同学参加了红军，叶云在红军的一支部队中做宣传工作，转战于鄂西北等地。以后因病回家治疗，病愈后参加了其堂兄叶松若（共产党员）领导的地下工作。1933 年，荆北党组织遭敌破坏，叶云同志失掉联系后，他又以种田为掩护，隐蔽进行革命活动。1938 年初，上级党派张芳松到荆北开展抗日救亡活动，叶云主动向他们汇报了自己同党失去联系后的情况。经过党的调查与考验后，于同年由张芳松介绍重新入党。入党后表现很好，对党的抗日民族统一战线政策理解较深，联系群众，也能联络一些上层人物，遵守纪律，能完成任务。

吴云鹏在做了上述介绍后，又说："叶云接近 30 岁了，既不像学生，也没有乡下的士绅派头，为人正直，办事踏实，头脑清楚，短于言辞，一望而知是个忠实的好同志。" 1939 年 8 月下旬，我到荆门南桥乡，荆北区委书记黄道平建议我以武昌逃难学生的身份，暂住叶云家里。从此和叶云相识共事。

1940 年 1 月，鄂西北区党委鉴于日军入侵鄂西迫在眉睫，荆当远和南宜保 6 个县的大部分地区可能沦陷，为了加强抗日游击战争的准备工作，决定将荆当远和南宜保 2 个中心县委合并，成立荆钟南宜特委，赵石任特委书记。

1940 年三四月间，第一次特委会议在荆北叶家闸叶云家里召开。叶云没有参加会议，但会议的生活、安全都由叶云负责，由于他工作做得非常出色，保证了会议的顺利进行。

这次会议是襄西党在抗日战争时期一次非常重要的会议。会议研究了战争形势，检查了武装斗争的准备工作，对日军渡河后如何开展敌后游击战争进行了部署。有名的"上三山"的计划设想就是在这次会议上提出来的。所谓"上三山"即南宜保的武装上白云山（后来因日军没有占领南漳而未实行），荆南、当阳的武装上香炉山，荆北、钟西的武装上北山（那时候荆北的同志叫东山）。后面的两个设想都按计划实行了。

为什么特委有一个"上北山"的计划设想呢？这是由叶云、宁玉廷、郑家坤等同志有远见的建议而产生的。他们的理由是：北山是红军时代的老根据地，群众的心向着我们；党在荆北、钟西拉起来的武装上北山会合最便利，站住脚后向平原发展也便利，进退自如。郑家坤被冷水铺恶霸姚晓南枪杀后，我和叶云又进一步讨论"上北山"的问题。叶云分析北山的形势，认为姚晓南如果不投敌可能进北山，但他的势力达不到胡家集。牌楼方面，可以争取姚明阶。叶云说："我们可能要同王家集的李伯泉争北山（当时李伯泉住王家集）。"

我认为叶云的分析有道理。我问：

"八角庙呢？"

"八角庙张海如可以争取。"

后来的事态发展，证明了叶云的预见。

为了秘密准备抗日武装，叶云在特委会议前就凭借自己在乡里的声望，乘国民党荆门县政府要成立乡、保自卫队的机会，以抗日保乡为理由，带头出钱，并动员全保殷实户凑了一些钱，买了 10 条枪、几千发子弹和一批手榴弹，组建了保自卫队。在国民党统治区秘密准备抗日游击战争，这是一项十分危险和艰巨的任务。特委会议后，叶家闸保自卫队刚刚建立，就有人告发叶云非法买枪，国民党区政府派人来调查，说买枪太多了，要全部收缴。此时，荆北的形势日益紧张，"反共"叫嚣日渐严重，黄道平争取南桥乡政权的计划失败，调离南桥；段玉美在荆门子陵乡段家冲保抓武装，被区政府扣押，一部分枪支被敌人没收，另一部分枪支转移到叶云那里隐藏，段玉美经党设法营救才出狱；郑家坤在钟祥冷水铺秘密准备抗日武装，被国民党发觉，一些党员被捕，郑家坤被杀害；还有风声要抓叶云。在这样严峻的形势下，南桥区委个别人动摇消极了，不执行党分配的工作。但叶云在打击已经到了他头上的紧急时刻，仍然保持清醒沉着，不动声色，还是和平日一样，安之若素，说话不紧不慢，面带微笑，有一种泰山崩于前而面不改色的气概。这只有对革命事业具有充分信心、不顾个人得失、听从党的召唤的人才能做到。

为对付国民党顽固派的迫害和限制，我征求了叶云的意见，叶云说："同他们打官司。"我说："对！要争取合法保全这些枪，或者保全大部分，就得打官司。"为了打赢这场官司，叶云同前来收缴枪支的国民党区长梁焕文进行了有理有节的斗争。同时，通过党的同情者张葆仁请他的族兄张葆初，去国民党县、区政府进行疏通，结果以交出 2 支枪了事，从而保全了叶家闸保自卫队。

1940 年 6 月初，日军突破国民党军襄河防线，迅速占领了荆门、当阳、沙市、宜昌等地，襄西大片国土沦于敌手。日军一路烧、杀、抢、掳，国民党游杂部队和土匪到处趁火打劫，荆门人民陷入灾难之中。就在日军突破襄河的当天下午，叶云安排党员将我党在叶家闸、段家冲掌握的 11 条枪背上了荆钟交界的北山，组成了北山抗日游击队（对外暂用保自卫队名义），叶云任队长。上山后的第三天，伏击了进山劫掠的小股日军，毙敌 1 名，缴枪 1 支。以后又连续打击了出扰的日军和土顽，保护了山区人民和进山难民的安全。游击队很快发展到 30 多人枪，从而初步打开了北山抗日游击战争的局面。

1940年7月下旬，从商人口中传来石牌到了新四军的消息，我和叶云、段玉美、马仲凡开会研究，决定派段玉美去查明情况。原来是鄂豫边区党委派毛凯率领鄂豫挺进纵队警卫连（原在襄西经过何基沣组织的搜索队）过河西来协助特委迅速会合荆当钟各地准备的武装开辟襄西抗日根据地。李守宪、王建桥已于前几天到石牌与毛凯会合。两天后特委专派王建桥来北山传达区党委指示，王建桥向我们讲了特委定的会合荆当两县武装上香炉山的计划，因当阳武装编入荆南土顽左墨香部而未实现。他说，特委要求迅速会合北山各片武装到石牌集中，研究下一步行动计划。我和王建桥、叶云研究了争取牌楼岗姚明阶乡武装的可能性，还研究了经过丁连三同曾宪成在石牌地区合作的可能性，决定我去当时还是蒋管区的李家垱执行这一任务，叶云和王建桥带领北山游击队去石牌会合。正当我们准备动身时，叶云神色严肃地跑来告诉我们：国民党荆门县政府派中队长李伯泉带领100多人枪窜进北山，逼近我们游击队驻地，在陆家坪对面山头上布下了包围阵势，用3挺机枪封锁正面，还通知我去"商谈要事"。他这是要强行收编我们北山游击队。叶云建议由他去同李伯泉讲理，游击队乘机拖上山。我和王建桥交换意见后，同意了这个对策。叶云说："保全北山游击队是大事，我个人的安危请组织上放心，万一脱不了身，就同李伯泉到县政府去讲理。"叶云还希望我和王建桥，以及在北山的外地同志及时转移。我听了叶云的这些话，深为感动！我对叶云说："你放心去吧，枪是叶家闸的老百姓为抗日保家乡出钱买的，拿这个道理和他讲理，游击队就交给王建桥同志掌握吧。"之后，王建桥感慨地对我说："多么好的同志啊！"

当叶云冒着被扣押的危险，只身去同李伯泉"谈判"周旋时，王建桥和陈继平带领游击队，迅速从陆坪后院穿过茂密的大片竹林，拖上了北山。这一举动增加了叶云处境的危险，我焦急地等待叶云的消息，曾派黄连去打听，他回来说叶云还在和李伯泉争论，黄连表示愿意以叶家闸保民代表的身份帮叶云去讲理，我正犹豫时，叶云高兴地回来了。叶云讲了同李伯泉"谈判"的经过。果然不出所料，李伯泉是奉命来收编北山游击队的，他是先礼后兵，谈不好再以武力缴械，当叶云和李伯泉争论时，忽然听见一声报告：北山游击队上山跑了。李伯泉暴跳如雷，连声叫喊："快叫分击队长们来，上山去追！"叶云得知北山游击队上了山，心里一块石头落了地，李伯泉越急越火，叶云越觉得高兴。叶云站起身来义正词严地说："李队长不必上山追了，他们都是叶家闸的人，是在国难当头、有家不能归的时候，才自己掏钱买枪抗日的，这有什么罪？只要你允许他们抗日保乡，他们会回来的。"李伯泉在理屈词穷的情况下，见到他的分击队长们来了，也没有下命令，沉默了好一会儿，才对叶云说："尧若兄！你先回去，把部队叫回来，改日我们再商量看怎么办好，总要我回县政府好交差。"一场惊险的"谈判"就这样结束了，敌人妄图吞并游击队的阴谋破灭了。

听了叶云的讲述，我高兴地赞誉了他的勇气和智慧，并对叶云说："李伯泉还没有死心哩，事不宜迟，根据特委指示，你和建桥同志把部队带去石牌，我明天即去李家垱。"

叶云在此之前没有见过王建桥，经过我的介绍，叶云才知道他是中共当阳县委书记、特委派来北山传达区党委指示的。当我决定将北山游击队交给王建桥指挥时，叶云二话没说，愉快地执行我的决定，他甚至来不及和他的老父、妻儿告别，就匆匆和王建桥去石牌了。

我知道，在开始打游击的那个时候，不，在叶云的一生，只有党，只有人民，党和人民便是叶云的一切。我后面记述的事情都证明了这一点。

创建襄西抗日根据地的过程中，打了许多仗，其中有些仗打得很激烈，例如，保卫石牌阻击周良玉匪部的战斗，荆南围歼土顽左墨香的战斗，横店对顽军新二军的自卫战，石牌反日军大扫荡的战斗，周家集对日、伪军的歼灭战，特别是 1942 年至 1944 年襄西坚持斗争时期，北山孤军作战近两年之久，对日、顽军大小数十战。这些打得非常凶险的仗，叶云都参加了，他的许多战友如詹福堂、姚志雄、靳帮兴、宁玉廷都在作战中牺牲了，还牺牲了千百个现在我记不起名字的干部和战士，而叶云却越战越强，奇迹般地活了下来，甚至在无数次同日、伪、顽作战的枪林弹雨中也没有负过伤，我常常见他化险为夷，转危为安，在指挥作战中始终保留他特有的风格，不急不躁，沉着镇定，言语少而中肯有力，身先士卒而能掌握部队；他善于运用毛主席游击战争的战略战术，粉碎敌人一次又一次的"扫荡"和"围剿"。叶云经过战争锻炼成了襄西我军一位有名的指挥员。战士信任他，北山人民信赖他，尊敬而亲昵地称他为"我们的叶营长""我们的叶支队长"。我和一些同志戏称叶云是我们襄西的"福将"。

"福将"似乎有点迷信的味道，但实际上是对我的这位老战友的良好祝愿，希望他能在频繁、凶险的战斗中平安无事，但良好的祝愿终究只是一种愿望。在解放战争时期，1946 年 9 月，不幸的事发生了，当时叶云率领一个小分队在北山外围的永盛集一带开辟新的基地，筹集粮款支援我鄂西北主力。由于坏人告密，被蒋军派来一个营包围，叶云在突围战斗中负重伤，枪弹打断了他的腿骨，战友们把他从战场上抢救下来。永盛集距北山有数十里，群众冒着身家性命的危险掩护叶云，用中草药为他治伤，一站一站地送他到北山。以后又通过地下党的关系送叶云到宜昌治疗，在敌人的眼皮底下治好了他的伤。

荆门的蒋军在永盛集战场上得到我们一个战士的遗体，有人说是叶云的遗体，敌人如获至宝，抬到荆门，枭首示众，开会庆祝，吹嘘取得了"打死共军支队长叶云"的胜利。荆门人民听到这个不幸的消息，悲痛万分，许多人哭了。一天，南桥几个老百姓，原来认识叶云，专门到县城仔细看了"示众"的头，却没有看见叶云脸上的一颗黑痣。他们暗自高兴起来："这个头是假的。"他们回到乡里奔走相告："叶支队长没有死！"群众说："叶支队长是福将，不会死的。"蒋军吹嘘的所谓"胜利"立即像肥皂泡一样破灭了。

1948年春天，叶云在宜昌治好了伤，回到北山，重新参加了战斗。6月初到襄南，又和我见面，战友在中原突围后重逢，促膝话旧，得知王展、许猛已在战斗中牺牲，相对而泣。不久，我被调到江汉四地委工作，重返襄西。在解放战争接近胜利的年月，我又和叶云战斗在一起。叶云任荆钟县县长，他在配合襄西支队开展大反攻的同时，积极进行支前准备。为了迎接大军解放荆门，他广泛发动群众，制扎担架，修筑道路，筹集军需给养物资，并成立了"战地服务队"。在大军到来的前夕，叶云亲自组织通信，集中物资和人员，派专人到荆门城内进一步摸清蒋军布防情况；当进行荆门战役的大军到来后，叶云及时提供了准确情报，又亲自担任向导，配合大军攻城，为支援解放荆门作出了自己的贡献。

新中国成立后，叶云曾任枝江县县长、宜昌行署民政科科长，在以后较长一段时间里，他在湖北省宗教、民族、华侨等单位做负责工作，他以伤残之身，勤勤恳恳、默默无闻地作出了许多成绩。

二

叶云对党的统战政策理解较深，在坚持北山根据地的长期斗争中，积累了丰富的统战工作经验，作出了很大的成绩。北山地处荆、钟两县交界区，在抗日战争时期，这里既有国民党的正规军、地方土顽，各自占山为王，还有日、伪军。在北山周围，四面都是敌人的乡公所，据点林立。要在这险恶环境中开展敌后抗日游击战争，建立和巩固北山抗日根据地，必须广泛开展统一战线工作，以配合武装斗争，才能立住脚跟。叶云和段玉美、刘建章、张明卿等同志一起，根据上级党的指示，结合北山实际提出了"广交朋友少树敌"的原则，利用各种社会关系，对北山外围的各界人士广泛开展了统战工作。叶云经常利用对日顽作战和做群众工作的间隙，找统战对象谈心，宣传我党抗日民族统一战线政策，广交朋友，再通过这些人的串联，使我军的朋友日渐增多。一些国民党官员、开明士绅和知识分子，在叶云的影响和帮助下唤起了民族抗敌精神，拥护抗日，北山西边的高尚志、叶孟平，南边的刘旭东，荆东的全楚彦、姚明阶等开明人士，以及子陵区公所区员廖卜山和红帮大哥田玉和等，都经过争取成了我军的朋友。叶云还通过艰苦细致的工作，使北山周围12个乡公所中的多数与我党有联系，并在这里建立了一批"两面政权"

作保障，甚至连国民党钟祥游击支队副支队长刘宾珊、刘美之也被争取为朋友。这些众多的朋友，曾对北山的革命斗争给予多方面的帮助。

叶云还把自己的亲姐夫、国民党游击队队长张海如的 100 多人枪争取过来抗日，充实了北山武装力量。叶云在独立自主的原则下，进行的抗日民族统一战线工作，成效很大，对我党开展敌后抗日游击战争，巩固和发展北山抗日根据地，起了相当大的作用。而后经过解放战争的历史考验，证明叶云和他在北山战友所结交的众多统战朋友是可以信赖的。

三

叶云是把党和革命的利益看得重于一切的人，是以小局服从全局的人。1944 年初，为了恢复襄西革命根据地，必须消灭侵占我荆南的顽军姚金陵部，而打姚只能依靠襄西自身的军事力量。为此，襄西中心县委决定，集中襄西各县大部分县、区武装，加强独立第三十三团。这些区、县的抗日武装，是他们以生命为代价建立起来的武装，他们要依靠这些武装同日、伪、顽军作战，保卫和发展自己的根据地，调出大部分县、区武装，无疑会大大增加他们的困难，甚至丧失部分根据地。所以，许多县、区同志，虽经一再动员解释，仍然思想不通。叶云开始也有些想不通，而从北山调出的武装又较多，中心县委就着重做他的工作。当叶云认识到这就是集中优势兵力，有利于歼灭主要敌人的道理后，立即服从全局，愉快地执行中心县委的决定。因叶云的带头作用，各县、区的同志都行动起来，使三十三团很快得到扩充与加强。接着，我三十三团主动出击，一举歼灭了姚金陵部，又乘胜击溃威胁北山的邓克昌、李用民部和盘踞荆西的陈楚斌、陈楚武部，完成了恢复襄西革命根据地的任务。

叶云一贯重视维护集体领导的原则，从不突出自己，他既是一个好"主角"，又是一个好"配角"。当"主角"时能集思广益、从善如流；当"配角"时则主动配合、精诚合作。他能上能下，从不计较职务大小。1942年10月，叶云由任北山独立营营长调到河东分区任一般参谋。1942年底，上级决定逐步加强对襄西的领导，建立了襄西支队，叶云调任支队长。1943年春，边区党委又决定派许猛任支队长，叶云改任副支队长。但叶云同志无论调到什么岗位，都能愉快地服从组织，从未计较过个人名利。他的职务能高能低，总是兢兢业业地工作、诚诚恳恳地团结同志。

叶云是一位很有主见、立场坚定的人，他豁达大度，颇有"宰相肚里好撑船"的气量。他受过委屈和打击，但从不计较私怨。1943年，北山成立荆钟工委，叶云任书记。此时，因张猴子叛变，工委个别领导成员议论叶云的立场有问题，并向地委告了状。叶云因此被调到地委整风、写检讨。后经调查并无此事。但叶云回到北山后，依然与那位同志融洽合作，和谐共事。后来有人向叶云问及此事，叶云认为这是同志对他的关心、领导对他的爱护，对过去的事不应该耿耿于怀。

在新中国成立初期，宜昌地委曾有个别同志认为叶云和封建制度作斗争缺乏坚定的立场。叶云虽再次受到委屈，但他心底坦然继续认真工作。历史又一次证明，叶云的革命立场是无可非议的，那位同志的指责是捕风捉影的。在土地改革和镇反运动中，叶云都是按党的政策办事，旗帜鲜明地站在农民一边，为彻底消灭封建剥削制度而斗争。至于对荆门某些上层人物如张葆初、廖卜山、叶孟平、全楚彦的处理，叶云认为这些人不论是抗日战争初期，还是解放战争时期都是我军的朋友，尤其是在中原突围后，我军处境极为困难时，他们帮助过我军，叶云为此曾建议当地政府对他们从宽处理。叶云的这种立场，绝不能说是对消灭封建制度的动摇，而恰好证明他执行党的政策是实事求是，对人对事是公正无私的。我不禁想起1941年在北山发生的一件事：叶云的亲姐夫张海如是国民党游击队队长，叶云经过多次做工作，才把他争取过来与我军合作抗日，后来发现张海如有不轨行为时，叶云毫不犹豫地协同新四军襄西独立团，解除了张海如的武装。凡是和叶云一起战斗过的同志，都为叶云的坚持原则和求实态度所折服。

1952年8月，省委调我到省财委工作，不久叶云也调到省宗教事务处任处长，在这个工作岗位上他一直勤勤恳恳地工作到1967年10月去世。在长达15年的时间里，我们几乎没有工作上的关系，只有一次，大约是1963年下半年，我参加中苏友协代表团从苏联回来之后，他请我向他工作的对象各宗教界人士作报告，我说我一点儿也没有接触苏联的宗教问题，不能谈。他说就谈国内形势，宗教界人士有的对形势的认识也有些问题。我要求他介绍了各宗教界人士对国内形势的疑虑和问题，现在我已记不清他介绍的内容，但记得他讲湖北宗教界人士的思想情况讲得很实际、很生动，使我长了许多知识。我笑着说："叶云同志成了我们党内的宗教问题专家了。"叶云对这一评语只是笑了笑。后来我听谢威同志说，叶云对宗教事务和华侨事务都很有研究。我和叶云虽然长时间没有工作关系，但常有老战友之间的相互过从。1967年春节，他来我家贺节，我见他扶着手杖，步履困难，深为惊异。他告诉我因得轻中风身体不行了。"文化大革命"中，华侨学校的学生提的问题一时解决不了，疲于应付。

我问叶云："为什么不退休呢？"叶云说："没有到退休年龄，还差两年，要到60岁才能退休哩。党正处在困难时期，我也不能退休。"他对革命事业真可谓忠心耿耿、奋斗不息。在战场上，他英勇顽强，有次负了重伤，刚刚愈合，身体尚未复原，即重返战场，这是战争年代的叶云。在建设时期，他兢兢业业工作，人中风了，还带病一直工作到最后一息，一息尚存，念念不忘党的事业，这是建设国家中的叶云。人民是公正的，北山的人民怀念他，荆门、钟祥的人民怀念他，他工作过的地区和部门的同志怀念他。叶云是一位普通的战士，更是一位永不休战的革命者。

主要参考资料：

1.《荆楚红流》. 张文斌主编. 中共党史出版社

2.《中国共产党荆门市东宝历史》. 王维萍主编. 中国文联出版社

3.《红色荆门》. 荆门市延安精神研究会

4.《中国共产党荆门历史》. 荆门市党史办公室编. 中共党史出版社

5.《中国共产党湖北省当阳县史》. 当阳市党史办公室编. 湖北人民出版社

6.《襄西解放史稿》. 宜昌市党史办公室编. 中国三峡出版社

7.《东宝历史文化名人》. 何勋元主编. 三峡电子出版社

8.《荆门老区革命故事选》. 荆门市老区建设促进会编. 中共党史出版社

9.《东宝革命斗争史》. 东宝区老区建设促进会

10.《荆门市东宝区革命老区发展史》. 东宝区老区发展促进会. 新华出版社

11.《永远的丰碑》. 荆门市政协文史和学习委员会编. 中国文史出版社

12.《东宝文化遗产》. 东宝区文化体育和广播电影电视局编. 中国文史出版社

后记

　　《东宝红色印记》一书是在东宝区建区 40 周年之际，政协东宝区党组的领导下编写的。区政协党组高度重视文史资料工作和该书的编写出版工作，于 2023 年 11 月 9 日召开主席办公会议，专题听取工作汇报，核定由罗成泉编写的写作提纲和目录，强调要认真做好文史资料编辑工作，加强组织领导，落实工作专班，强化保障措施，力出精品佳作，彰显"存史、资政、团结、育人"的作用。并成立编辑委员会，聘请荆门市有关方面专业人士李柏武（荆门市社科联原主席）、李方贵（荆门市广播电视台原党组书记、台长）、张承瑜（荆门日报社主任、编辑）、陈梅（荆门市图书馆研究员）、王君（荆门市传统文化协会副会长、秘书长）、罗成泉（东宝区七届政协副主席）、郑文榜（东宝区文化馆原馆长）为编者，由罗成泉同志担任执行主编。2024 年 1 月至 4 月分别召开三次编委会会议，对编写工作时间、内容、质量提出明确要求。4 月 15 日初稿完成后，编辑委员会进行了集体审定。9 月 15 日，审核批准出版。

　　《东宝红色印记》编纂工作于 2023 年 10 月启动，2025 年 3 月正式定稿。区政协分管文史的副主席高青松高度重视，多次召开会议解决编辑出版工作中的问题和困难，李凤银主持本书的编辑和终审工作，罗成泉负责书籍纲目的制定、撰写、修改、定稿等工作，郑文榜对全书进行了最后统稿和审定，王丽梅负责校正工作。

需要说明的是：1985 年 5 月，经湖北省人民政府批准，设立荆门市市辖县级行政区——东宝区，当时区划为团林铺镇、何场乡、漳河镇、麻城镇、马河镇、姚河乡、安团乡、栗溪镇、盐池镇、仙居乡、子陵铺镇、牌楼乡和白庙、泉口、掇刀石、龙泉四个街道办事处。2001 年 3 月行政区划调整，成立掇刀区，将所辖白庙街道办事处、团林铺镇、何场乡、麻城镇划归掇刀区。2011 年 12 月行政区划调整，成立漳河新区，将所辖漳河镇划归漳河新区。该书所涉及的范围是指原东宝区和荆门城区的东宝境内。

在《东宝红色印记》编辑出版过程中，区委书记江稳、区长董勇等区委、区政府领导高度重视，江稳、董勇同志担任顾问，江稳同志并欣然作序。荆门市史志研究中心、区委宣传部、区延安精神研究会、区档案馆（史志研究中心）审阅了书稿并提出宝贵修改意见。市区有关部门和领导对该书的编辑出版工作给予指导和帮助。该书参考了一些文史资料。在此一并表示感谢！

由于编者水平有限，加之史料不尽齐全，书中难免有疏漏和不足之处，敬请读者批评指正。

编者

2025 年 3 月